部下が自然と動き出す20の方法

―インバスケットで学ぶ部下指導―

はじめに

はじめまして！　株式会社インバスケット研究所の丸山広大と申します。

私は、研修講師として、インバスケットというツールを使って、リーダーのマネジメント力や判断力の向上のお手伝いをするお仕事をしています。

これまで、6000名以上の各業界のリーダーとご一緒させていただきました。

改めてこれまでを振り返ると、本当に様々な業界のリーダーとお会いしてきたなと思います。各種メーカー、情報通信業、金融機関や病院、大学や官公庁などなど。

ただ、受講生の方のお話をお伺いしていると、業界は違えど、リーダーの悩みはほとんど同じです。

少しだけ紹介してみましょう。

「部下が思うように動いてくれない」
「指導してもなかなか成長してくれない」
「任せられる部下がいないから、自分で業務をやるしかない」
「何を考えているのかわからない」
「叱るとハラスメントだと言われないか怖い」

などです。

このように、リーダーの悩みとは、仕事に必要な技術や知識についてのものではありません。

そう、部下とのコミュニケーションや部下指導に関する悩みばかりです。

では、多くのリーダーは、どうしてこのような悩みを持つのでしょうか？

それは、部下指導の選択肢が少ないことに原因があるのかもしれません。

多くの方は、これまでの自分の上司のやり方や考え方を真似しているようです。それ自体はよいことなのですが、困ることは、部下指導の方法はこれしかない、これが絶対だと思ってしまうことです。このこだわりを持って、どのようなときでも特定の方法で部下指導を行うから、うまくいかないことが出てくるのです。


つまり、上手に部下を動かしていくには、部下の特徴や状況に応じて部下指導のやり方を変える必要があるのです。

どのような部下、どのような状況でもやり方を変えられるように、できるだけ多くの選択肢を持っておいたほうがよいでしょう。


本書は、あなたの部下指導やコミュニケーションの選択肢を増やすことを目的として書かれています。

これまで部下指導についての書籍はあまた出版されていますが、読み物として執筆されているものがほとんどです。

そこで、本書はインバスケットと呼ばれるシミュレーションゲームにチャレンジしながら読み進めていく実践形式の書籍としました。架空の人物になりきり、マネジメント上で起こりうる問題をいかに解決していくのかを考えて、選択肢を選んでいきます。そして、それについての解説を読んでいくという流れとなっています。このような形式にしているのは、ただ読むよりも、実際にあなたが考えながら読み進めていくほうが学びは深くなり、実際の職場でも学んだ知識が使えるようになるからです。

もしかすると、本書の中には、あなたが知っている考えや技術もあるかもしれません。しかし、知っているだけでは意味がないのです。使ってはじめて学びは意味があるのです。ですから、知っていることだなと思った方も、本書をきっかけとして実際の職場で使える選択肢にしてほしいと思います。

また、お伝えしている内容の中に、納得できないなというものもあるかもしれません。それも、まったく問題ありません。無理に取り入れようとしなくても大丈夫です。そもそも部下指導には正解はありません。ですから、本書でお伝えすることも正解ではなく、あくまで一つの選択肢にすぎません。お伝えすることの中でどれか一つでもあなたの選択肢を増やすことにつながればと思います。

さて、本書を読んでいただきたいのは次のような方です。

・はじめて管理職になった方
・これから管理職になろうとされている方
・部下との関係で悩んでいる方
・部下指導で悩んでいる方
・部署内の雰囲気がわるいと感じている方

本書で部下指導の選択肢を増やしていけば、管理職としての指導力は強化され、あなたの部下への悩みもきっと解消されていくはずです。

目次

はじめに …… 3

第一章　理想の上司を目指そう …… 11
第一節　理想の上司とは …… 12
第二節　暇そうな上司になるにはどうすればよいのか？ …… 17
第三節　どうして部下は思うように成長しないのか？ …… 24

第二章　実践　部下指導 ～インバスケットに挑戦～ …… 31
第一節　インバスケットで見えること …… 32
第二節　インバスケットの進め方 …… 33
第三節　インバスケットで実践　部下指導 …… 36

第三章　部下が動き出す指導方法

第三章　部下が動き出す指導方法……63
第一節　方針を浸透させるための三か条……66
第二節　「できる部下」の活用の仕方……74
第三節　雑談が生み出すチームの成果……82
第四節　ベテラン部下への指示の出し方……88
第五節　マニュアル部下への指示の出し方……98
第六節　リーダーは名監督たれ……106
第七節　部下の小さな変化を見逃すな……112
第八節　任せ方の基本……118
第九節　仕事のご褒美は仕事……126
第十節　部下を成長させる任せ方……134
第十一節　言いにくいことの伝え方……142
第十二節　部下をのばす効果的なほめ方……152
第十三節　放牧型マネジメントのすすめ……160

第十四節　部下を育成する叱り方……168
第十五節　失敗体験共有の絶大な効果……180
第十六節　部下指導に必要な当事者意識……188
第十七節　リーダーの仕事は判断をすること……196
第十八節　部下育成のためにはとにかく真似よ……206
第十九節　部下を守る傘になる……214
第二十節　率先垂範の絶大な効果……224

第四章　理想の上司に近づくには……231

第一節　部下の「こうなってほしい」を描く……232
第二節　部下に関心を持つ……234
第三節　ぶれない軸を持つ……237
第四節　「できる上司」でなくてもよい……241

おわりに……245

第一章

理想の上司を目指そう

第一節　理想の上司とは

早速ですが、質問です。
あなたにとっての理想の上司像とはどのようなものでしょうか？
これまでの上司を思い出しながら、次の空欄に書き出してみてください。

いかがでしたか?

このワークは、私が各界のリーダーを対象に実施するマネジメント研修のイントロダクションでグループワークの一環として取り組んでもらっているものです。

この目的は、受講生がなりたい上司像、つまり自分のマネジメント上のあるべき姿を設定することにあります。

この理想の上司像を持っているか、持っていないかで、みなさんのマネジメント上の成果は大きく変わってきます。自分にとっての理想の上司像を持っておけば、部下指導や目標管理などのマネジメント上の問題が何か起きたとしても、「この上司ならばこうするだろうな」と考えて、解決の糸口を見つけることにつながりますし、自分のリーダーとして目指すべき方向性が明確になるからです。

では、実際の研修では、どのような理想の上司像が出てくるのかを、少しだけ紹介してみましょう。

・ビジョンを描いてメンバーに方向付けを行う上司
・きっぱりと意思決定をする上司
・部下を守ってくれる上司
・どのようなときでも部下の話をしっかり聞いてくれる上司
・トラブルが発生しても冷静に指示を出して解決に導いてくれる上司
・的確に指導をしてくれて、自分の能力を引き出してくれる上司

これらはあくまで一例ですが、様々な上司像が出てきます。
みなさんの上司像はどのようなものでしたか？

どのような上司像も間違いではありません。このどれもが素晴らしい上司像であり、リーダー像です。
私自身、ここに挙げられたような多くのリーダーと実際にお会いしたことがありますが、

どの方もある共通点を持っていることに気づきます。

その共通点とは、**「いつも暇そうにしている」**という点です。いつも余裕のある素振りをしていると言ってもよいでしょう。

つまり、理想の上司像とは「いつも暇そうにしている上司」なのです。

たとえば、あなたのまわりに、このような方はいませんか？

部下がバタバタしているときに涼しい顔でパソコンを眺めていたり、いつも部下の席まで来て雑談をしたり、冗談を言ったり、場合によっては、まわりから「この人大丈夫かな？」と思われていたり。

このような上司こそが有能である場合が非常に多いのです。

私のこれまでの上司の中でも尊敬する方は、やはり、暇そうだなと思うくらいに余裕に満ちた上司でした。

ある上司は、私に「今日暇だから、なんかある？」が口癖でした。「えっ！　私たちはバタバタしているのにどうして暇なのだろう」とびっくりしたものです。

ところが、いつも暇が口癖の上司でも、スイッチが切り替わる瞬間がいくつかあります。まずは、トラブル発生時。私たちがトラブル発生を報告するやいなや、今までの暇そうな素振りとはうって変わって、チームの先頭に立ち、何をどうすべきか数名の部下に的確に指示を出すのです。

あとは、今後の戦略やプランを話すときもスイッチが入る瞬間です。口から泡が飛びそうな勢いで、非常に熱心に、かつわくわくした様子で今後の方向性を話してくれたものです。私たちも上司の熱心さからかその話に自然と引き込まれ、いつの間にかこのプランを達成するには自分たちには何ができるのかを考えていたなんてことはよくありました。

なぜ暇そうにしているのか？

今ならよくわかります。

そもそも余裕がなかったら突発的なトラブルが起きたときにちゃんと対処ができませんし、おろおろしていたら部下も動揺します。また、上司は現場の業務よりもレベルの高い仕事に集中すべきで、部下と一緒にバタバタしていたら、チームとしての成果を出すことは、きっと難しいでしょう。

だから、理想の上司とは、「暇そうにしている上司」なのです。

第二節　暇そうな上司になるにはどうすればよいのか？

では、普段の業務の中で暇を作り出すにはどうすればよいのでしょうか？

トラブルが起きないような仕組みを作ったり、綿密な計画を立てたりといろいろな取り組みが挙げられます。そのなかで、特に重要なことは、**部下が指示を完璧にこなしたり、自然と動き出したりできるように、部下指導をするということです。**ここでいう部下指導とは、仕事を任せたり、教育をしたり、部下が活躍できるような雰囲気づくりをしたりして、成長させていくことです。

普段から部下指導をきっちりしておけば、自分の暇を作り出すことができるのです。

次のマトリックスを見てみましょう。

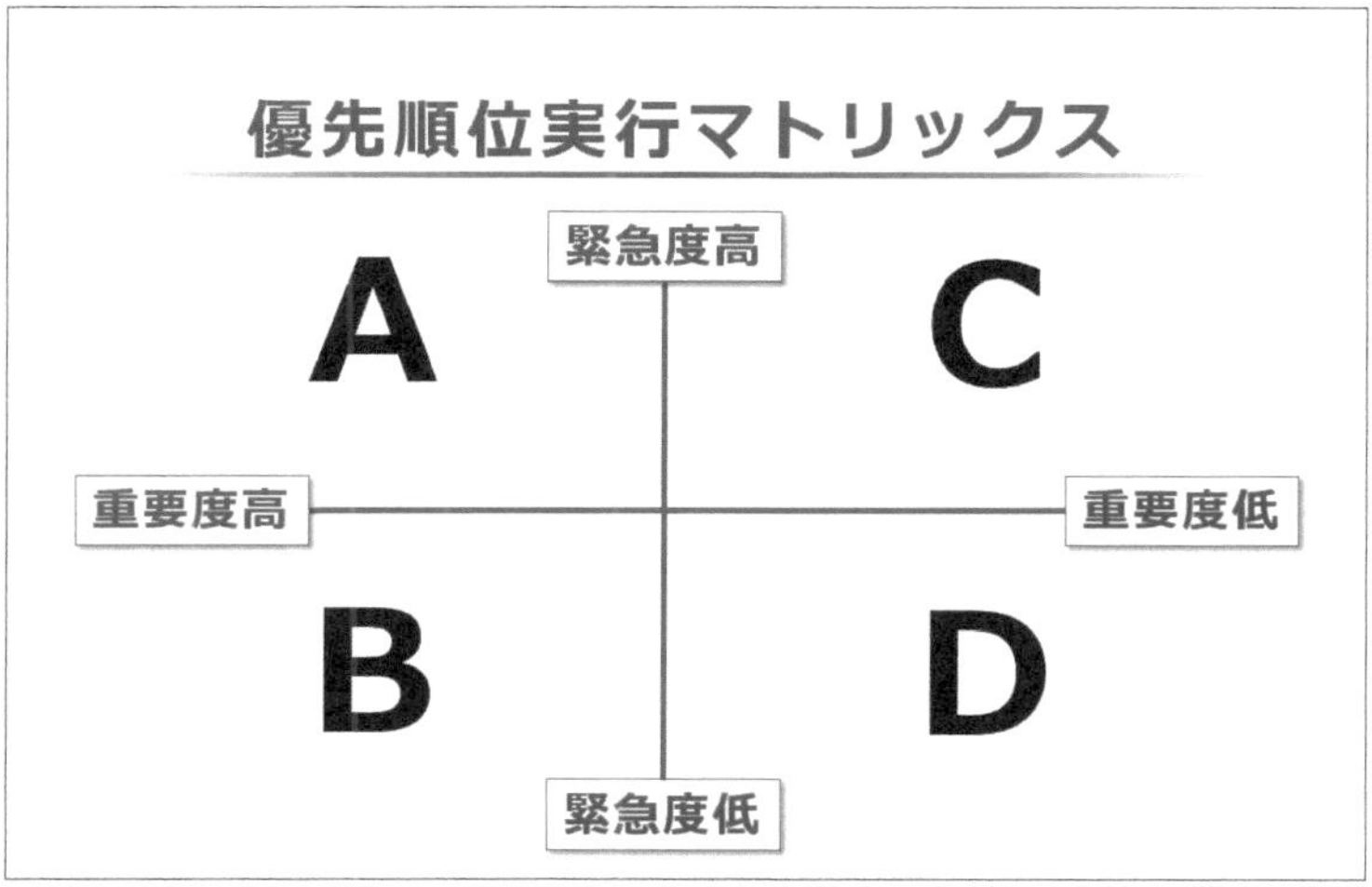
優先順位実行マトリックス
緊急度高
A
C
重要度高
重要度低
B
D
緊急度低

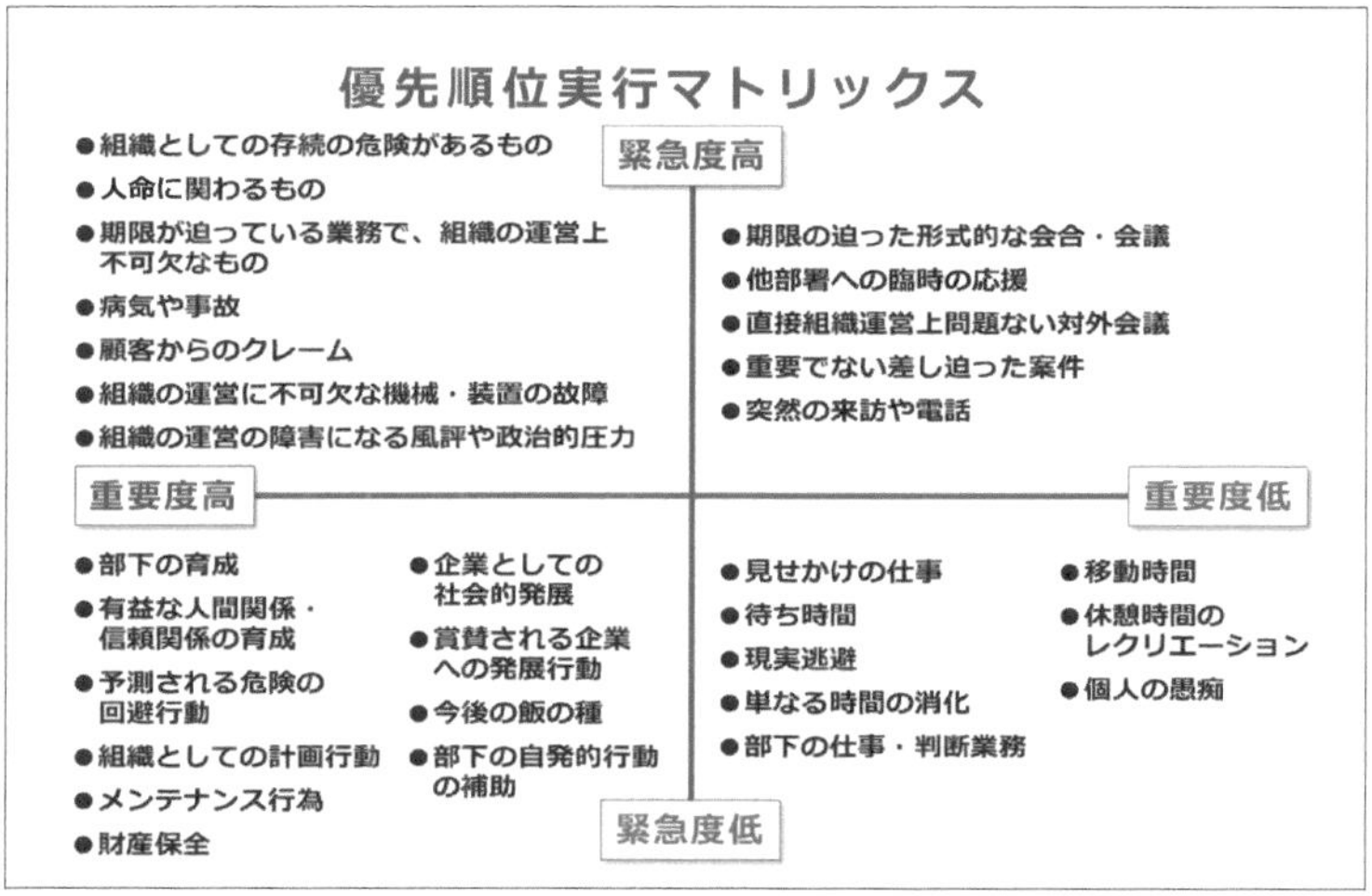
優先順位実行マトリックス
緊急度高
●組織としての存続の危険があるもの
●人命に関わるもの
●期限が迫っている業務で、組織の運営上不可欠なもの
●病気や事故
●顧客からのクレーム
●組織の運営に不可欠な機械・装置の故障
●組織の運営の障害になる風評や政治的圧力
●期限の迫った形式的な会合・会議
●他部署への臨時の応援
●直接組織運営上問題ない対外会議
●重要でない差し迫った案件
●突然の来訪や電話
重要度高
重要度低
●部下の育成
●有益な人間関係・信頼関係の育成
●予測される危険の回避行動
●組織としての計画行動
●メンテナンス行為
●財産保全
●企業としての社会的発展
●賞賛される企業への発展行動
●今後の飯の種
●部下の自発的行動の補助
●見せかけの仕事
●待ち時間
●現実逃避
●単なる時間の消化
●部下の仕事・判断業務
●移動時間
●休憩時間のレクリエーション
●個人の愚痴
緊急度低

このマトリックスは、重要度と緊急度の軸で区切られたもので、優先順位をつけたり、仕事の計画を組んだりする時に使います。

C象限やD象限には、本来部下がやらなければならない仕事や、場合によっては手をつけなくてもよいような仕事が分類されます。つまり、この2つの象限に分類される仕事は、上司であるあなたがやらなくてもよいようなものばかりなのです。

上司としての仕事はC象限やD象限に分類されるものではなく、A象限やB象限に分類されます。

まずA象限について考えてみましょう。A象限には、顧客からのクレームであったり、組織の運営上不可欠な仕事であったりと突発的なトラブルが分類されています。これらの仕事は非常事態ですから、真っ先に解決しなければなりません。リーダーの仕事は問題解決業だと言われるように、発生した問題をいかに精度高く処理できるかで上司の力量は変わってくるのです。

確かに、発生した問題を解決することは大事なのですが、本書で伝えたい理想の上司は、A象限の仕事に取り組む機会は非常に少ないです。それはA象限が発生しないようにしているから、言い換えるならば、自分が暇になるように仕事をしているからなのです。

その仕事とはB象限の仕事です。

有能だとまわりから思われている上司の仕事。その中身をのぞいてみると、B象限の比率が圧倒的に多いことがわかります。つまり、B象限こそが、暇を作り出すための仕事なのです。

ここで、B象限の仕事について考えてみましょう。部下育成や有益な人間関係・信頼関係の構築など、緊急度は低いけれど重要な仕事ばかりです。もう少し言うと、力を入れて取り組んだとしてもすぐには結果には直結せずに、こつこつと時間をかけて中長期的に取り組むことが求められるものがB象限の仕事です。

ただ、時間がかかるからといって、放置したり、後回ししたりしてしまうと大変なことが起きてしまいます。B象限の仕事を放置しておくと、A象限の仕事に姿・形を変えてしまうのです。さらにA象限の仕事が発生すると、C象限やD象限の仕事も増えて、成果につながらないどころか、いつも忙しいという状況に陥ってしまいます。

たとえば、B象限にあたる部下の育成をおろそかにしていたとします。そうすると、ある日その部下がお客様を怒らせてしまい、クレームにつながってしまうかもしれません。つまり、A象限の仕事が発生してしまうのです。

そうなると、本来なら必要のない報告書を作成したり（C象限）、場合によっては謝罪に伺う必要があれば、待ち時間や移動時間などの無駄な時間（D象限）も発生したりすることにもなるでしょう。

このように、B象限の仕事に力や時間をかけないと、いずれ大きな損失につながりかねません。逆に、B象限の仕事をこなしておけば、A象限やC、D象限の仕事の発生がおさえられるので、時間のコントロールも可能となり、業績につながっていくようになるのです。

本書でお伝えする部下指導も、このB象限の仕事にあたります。

時間をかけて確実に部下指導をしておかないと、いつまでたっても事細かに指示をしないと動いてくれないかもしれませんし、場合によっては自分自身が部下の仕事をこなさないといけなくなります。

部下が自然に動き出し、それによってつくられた暇な時間に、自分の本当にやるべき仕事をする。そのためには、毎日の業務の中で、少しでも部下指導をしておく必要があるのです。

第三節　どうして部下は思うように成長しないのか？

理想の上司になるには、部下指導をコツコツ行う必要があるわけですが、この仕事はそれほど簡単なものではありません。なぜならば、**一人として同じ価値観、考え方を持つ部下はいないからです。ですから、部下全員に対して、通り一遍の指導方法や接し方をしてもあまり効果はありません。**

今、部下の多様化は現在進行形で進んでおり、それにともない部下指導もさらに難しくなってきています。すでに年功序列という言葉は死語ですし、社会的にシニア世代の再雇用も活発になってきており、年上の部下は増えることはあっても減ることはありません。また、若い部下の中でも千差万別の価値観がありますし、本書ではとりあげませんが、外国籍の部下を持つことが当たり前になってきていたりします。

そこで、**一人一人の部下に応じたオーダーメイドの部下指導をしていくことが、今後よ**

り一層大事になってくるのです。

そのためにも、どのようなタイプがいるのかを知っておく必要があります。あくまで一例ですが、よくいる部下を分類してみましょう。

・スペシャリストタイプ

経験や専門知識が豊富で、技術も熟練している部下です。年上部下やベテランの部下に多いタイプです。非常に有能なので、お願いした仕事を確実に進めてくれ、アウトプットの精度も申し分ありません。一方で、こだわりが強いことが多く、自分が納得しないと、指示をしたとしても反発したり、拒否したりすることもあります。

このタイプの部下に対して、とにかく従わせようと、頭ごなしに指示をしたとしても反発が強くなり逆効果です。ですから、敬意を払って、教えを乞う、助けてもらうというスタイルで指示を出したり、コミュニケーションをとったりするとよいでしょう。

・**仕事大好きタイプ**

仕事が大好きで楽しいと思う部下です。特に自分の興味のあることや好きな仕事はモチベーション高く確実に進めていきます。しかし、自分があまりやりたくない仕事については少し適当に仕事を進めてしまうこともあります。

ですから、このタイプの部下に対して、「いやなこともやるのが仕事だ。とにかくやっておくように」などと指示を押し付けてもモチベーションの低下につながり、仕事の精度はあがりません。ですから、「今からお願いする仕事をやったら、あなたのやりたい仕事の時間を確保してあげるよ」といった具合に、部下のやりたい仕事を示して指示を出すとよいでしょう。

・**効率重視タイプ**

どうやったら楽に仕事を進めることができるのか、常に効率を考えているような部下です。業務フローの簡素化や業務システムの改善などに能力を発揮することを特徴としています。一方で、単純作業やルーチン業務などは苦手で、ついつい手を抜いてしまったり、ミスをしてしまったりすることも多いのが特徴です。

ですので、このタイプの部下に対しては、苦手な仕事は任せずに、得意な仕事を任せるようにしていくのがおすすめです。ルーチン業務を任せずに、業務改善を図る仕事を任せるようにするのです。そうすることで、部署全体の効率化が図られて、全体の生産性向上というメリットが得られるようになります。

・がむしゃらタイプ

お願いした仕事にがむしゃらに取り組んでくれるタイプです。高い集中力で進めてくれるので、単純作業や細かいチェックを行うような仕事は得意な傾向にあります。一方で、がむしゃらに仕事を進めるがあまり、「確認」という行動が抜け、ポイントのずれた仕事をしてしまったり、大事なことが抜けてしまったりすることがあるのも、このタイプの特徴です。ですから、このタイプの部下に仕事を任せたときは、あなたが進捗中に「何かわからないことある？」などと確認をしてあげるようにしていくとよいでしょう。

・マニュアルタイプ

決められたマニュアルやルール、細かい指示があれば精度高く、確実に仕事を進めてくれるタイプです。一方で、今までにない新しい取り組みやマニュアルがなかったり、細かい指示がないと、うまく仕事が進められなかったり、あなたがほしいアウトプットがでにくくなることも特徴の一つです。

「マニュアル世代」という言葉もありますが、このタイプは若い世代に多いようです。あくまで私見ですが、これは、彼らが受けてきた教育の多くが、授業や教科書の内容を暗記することに重きを置きすぎて、深く考えるという習慣がついてこなかったことが原因ではないかと考えています。ですから、この特徴を逆手にとります。つまり、仕事を任せるときに、マニュアルを示すかのように、事細かくかみ砕いて指示を出すようにするのです。この任せ方を継続して、仕事に慣れさせていけば、自然と動き出す部下に成長していくことでしょう。

いくつかの部下のタイプを紹介してきましたが、これは、自分の部下がどのタイプにあてはまるのかを考えてもらうためではありません。これ以外にも様々なタイプの部下がいますし、これらのタイプをいくつか兼ね備えている部下もいて、部下のタイプは千差万別です。ここで、知っておいてほしいことは、**それぞれの部下に応じた接し方や部下指導を**

していかないと、部下が自然に動き出すことはあり得ないということです。

では、様々な部下に応じた部下指導を行うためにはどうすればよいのでしょうか?

それは、部下指導の選択肢を多く持つということです。任せ方一つとっても、事細かに指示を出して任せる方法もありますし、大枠の方向性だけを示して任せる方法もあります。このように、選択肢をいくつか持っておけば、部下指導の幅が広がり、どのような部下がきても対応できるようになっていくのです。

これから実践形式で、部下指導について解説を行っていきます。もしかしたら、「このようなものはあり得ない」という考えや行動も出てくるかもしれません。そういう場合でも、選択肢を増やすという観点で読んでほしいと思います。

第二章

実践　部下指導

～インバスケットに挑戦～

第一節　インバスケットで見えること

これから、「インバスケット」と呼ばれるツールを使って、みなさんの部下指導力をトレーニングしていきましょう。

このインバスケットは、1950年代にアメリカ空軍で開発された教育ツールで、直訳すると未処理箱という意味です。未処理箱という言葉がイメージしづらい方は、未開封のメールがたくさん溜まった受信ボックスを思い描いてみましょう。

インバスケットとは、架空の役職・人物になりきり、制限された時間で未開封のメールを開いて、より精度高く問題を解決したり、案件を処理したりしていくビジネスシミュレーションゲームのことを言います。このゲームを使うと、あなたの普段の仕事の進め方や判断のパターン、部下指導のスタイルなどが浮き彫りにされていくのです。

特に、このゲームのみそはタイトな時間で、非常にストレスがかかりながら案件の処理を求められるということです。そのような状況下に置かれると、「素の自分」が見えてきます。

第二節　インバスケットの進め方

では、本書のインバスケットの進め方を説明していきましょう。

・主人公になりきる

あなたが主人公の立場ならどのような行動をするのかを考えてください。

インバスケットでは、あなたとは異なる業種・役職の設定がなされていることが普通です。たとえば、あなたがメーカーの製造課長ならばスーパーマーケットの店長に、営業部長ならば病院の院長になる設定となっています。

受講生とまったく同じ業種・役職の設定となっていると、普段の業務で使っているノウハウなどでインバスケットの回答をされてしまう可能性が高くなるからです。そうなると、本来測定したい判断パターンや部下指導スタイルなどが見えづらくなってしまいます。

本書のインバスケットは、ある旅行代理店の商品企画課長が主人公という設定です。ですから、今のご職業から旅行代理店に転職したと仮定して、設問に答えてください。

・時間を意識する

先述のように、インバスケットでは、非常にタイトな時間設定の中で、案件処理が求められます。時間がタイトな中で処理をすることで、あなたの普段の部下指導スタイルが浮き彫りにされるからです。ですから、シミュレーションだからといって、ゆっくりやったり、適当に取り組んだりしないようにしましょう。

おそらく、あなたは普段、時間を意識しながら業務に取り組んでいるのではないでしょうか？

インバスケットでも普段の業務と同じように時間を意識しつつ、一生懸命にチャレンジしてみてください。そうすることによって、より普段のあなたの部下指導のスタイルが明確になってくるのです。

・回答方法

本書のインバスケットには選択肢が準備されていますが、それらを選ぶ前に、まず自分ならばどのような回答をするのかを考えるようにしましょう。

インバスケットは、自由記述式が基本です。選択肢を選ぶよりも、白紙の状態で自分の考えや行動を回答することは大変ですが、自分の強みや弱みがより明確になります。

また、インバスケットは仕事の模擬体験の側面もあります。日常の業務で選択肢があらかじめ準備されていて、それを選ぶということはほとんどありません。ですから、ただ選択肢を選ぶだけでは、トレーニングとして効果的ではないでしょう。

ですから、まず自分で回答を作成し、それに一番近い選択肢を選ぶ回答方法をおすすめします。

・絶対的な正解がない

インバスケットには、絶対的な正解がありません。これは、日常のマネジメントや部下指導に正解がないことと同じです。ですから、どのような回答をしたとしても、正解・不正解はありません。大事なことは、任せ方や指示の出し方、情報の伝え方や部署の雰囲気づくりなど、どれだけ部下指導の選択肢を持っているのかということです。

本書でも、案件ごとに選択肢の解説を行っていますが、これも絶対的な正解ではなく、部下指導の一つの考え方ととらえるようにしてください。解説を読むことで、今まで自分にはなかった考え方や視点を身につけたり、自分の陥りやすいパターンをよりよい方向に修正したりしていくことで、実際の部下指導に生かすことができるのです。

第三節　インバスケットで実践　部下指導

ではまずは、インバスケットで演じるあなたの役割を読んでください。

1．あなたの名前は「杉本　英樹」です。

2．舞台となる企業は、旅行代理店「株式会社バリュートラベル九州」です。

3. あなたの役職は、国内パック旅行の企画や旅行パンフレットなどの販促物制作を行う「国内商品企画課」の「課長」という設定です。

4. 現在は11月19日（日）です。あなたはインフルエンザで11月13日から休んでいました。明日から海外視察のため、不在中にたまったメールを処理しようと考えて休日出勤をしています。

5. あなたは海外視察のため、11月20日（月）から11月26日（日）までは会社に出勤できません。

では、これからあなたは「株式会社バリュートラベル国内商品企画課課長・杉本　英樹」になりきって、20問のインバスケットにチャレンジしましょう。選択肢は第三章に掲載されていますが、まずは43ページ～62ページの20問に目を通してください。その際、第三章の選択肢を見ずに、あなたならどうするのかを考えながら読み進めてください。回答時間の目安は60分です。

杉本 英樹が勤務する旅行代理店「バリュートラベル九州」基本資料

資料1

会社概要

会社名	株式会社バリュートラベル九州 （観光庁長官登録旅行業第18XX号）
本社	〒812-13XX　福岡市博多区吉本町2-21　福岡SYビル9階
設立	2005年10月
代表者	代表取締役社長　平田　幸造
資本金	1億円
事業内容	旅行業 国内・海外・訪日旅行、イベント・コンベンション、教育旅行、団体旅行の企画・販売・運営など
従業員	281名
売上高	258億円
支店	18支店

会社沿革

1977年	バリュートラベル株式会社（現VLTホールディングス株式会社）設立
1985年	「ラック」、「バケーション」販売開始
1990年	東証一部上場
2005年	地域性に即した営業を行うことを目的に、バリュートラベル株式会社の団体旅行事業部を分社化し、株式会社バリュートラベル九州設立
2006年	九州地方の団体旅行業務が移管され業務開始
2013年	バリュートラベル株式会社から個人向け事業と九州地区支店の移管を受け個人旅行の取り扱いを開始
2014年	バリュートラベル株式会社が株式会社ベストツアーズと経営統合し、商号をVLTホールディングス株式会社に変更 これにともない、株式会社バリュートラベル九州はVLTホールディングスの子会社化

資料2　基本理念

私たちは、安心・安全・高品質の旅行を企画販売することで、
お客様の感動・喜び・満足を創出し、
豊かな生活と文化の向上に貢献します。

資料3

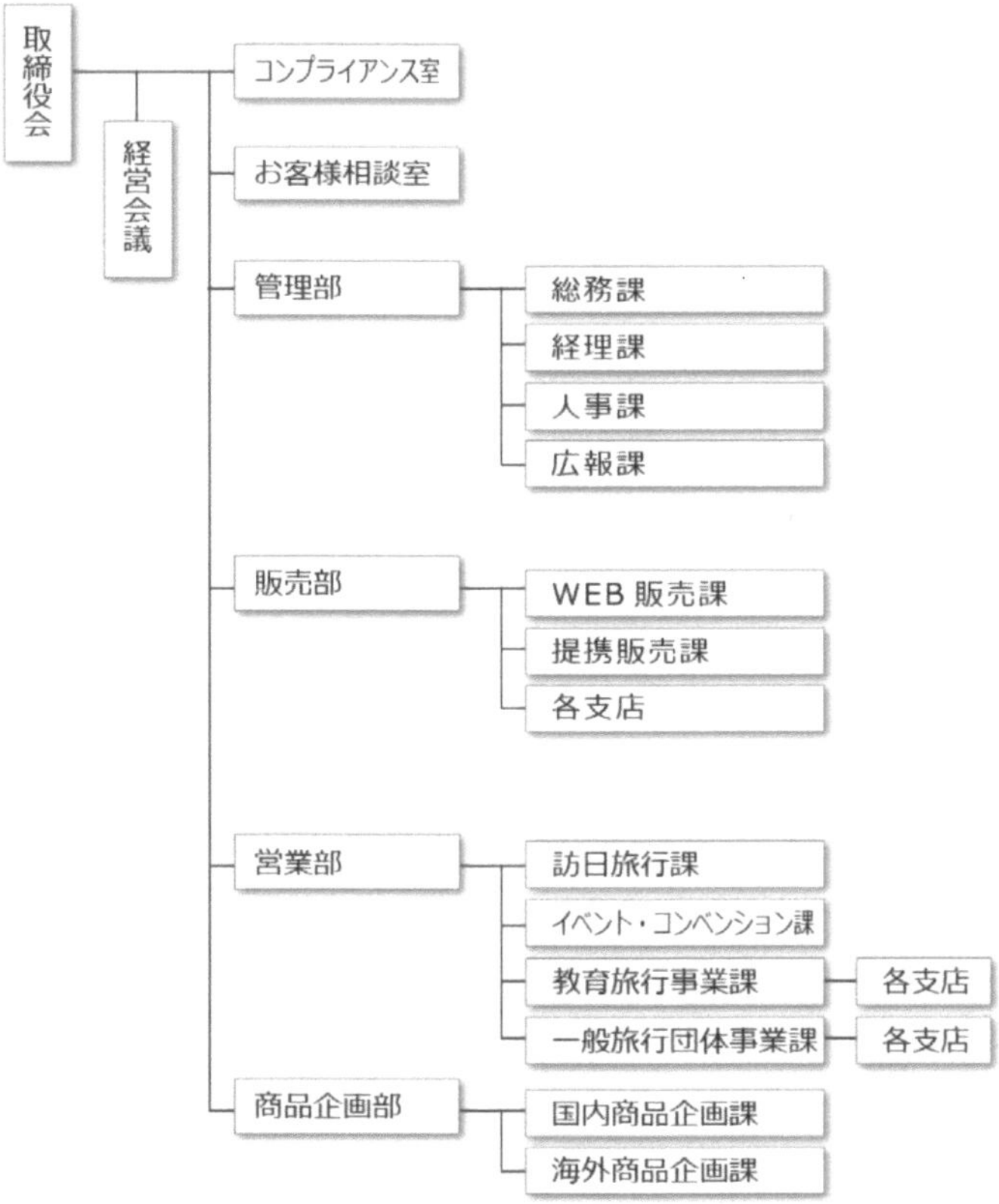

資料4　国内商品企画課　組織図

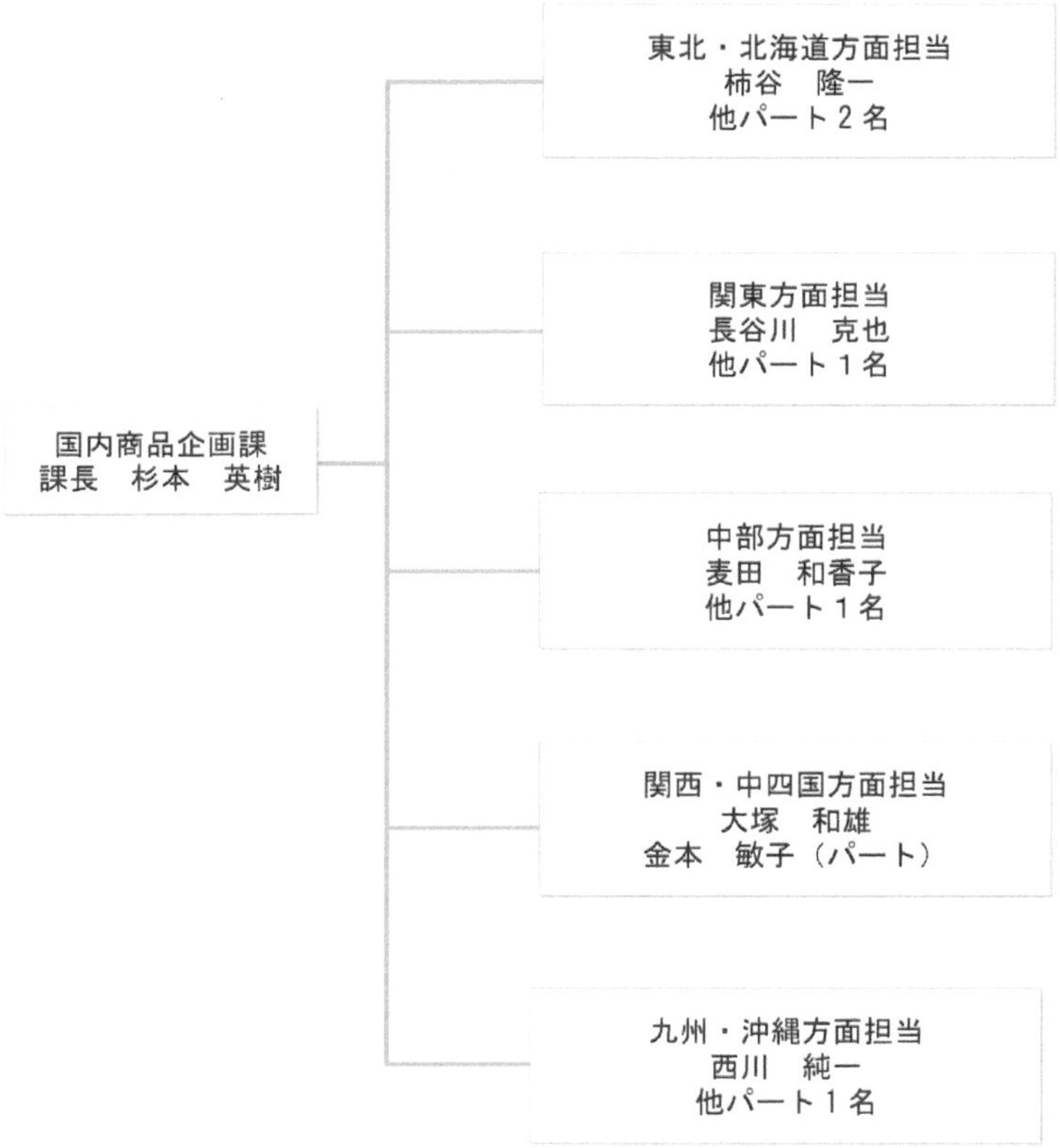

資料5

営業数値　（単位：百万円、%）

	一昨年	昨年	本年見込
取扱総額	26209	25923	26,037
前年比	99.7%	98.9%	100.4%
取扱額目標	25500	27000	27500
目標達成率	102.8%	96.0%	94.7%
営業利益	121	127	119

商品別取扱額　（単位：百万円、%）

	一昨年	昨年	本年見込
国内旅行計	18,420	18,265	18,046
国内旅行前年比	99.6%	99.2%	98.8%
ラック	10,632	10,228	10,305
国内一般団体	3,438	3,536	3,155
国内学生団体	4,349	4,500	4,586
海外旅行合計	7,572	7,395	7,663
海外旅行前年比	98.2%	97.7%	103.6%
バケーション	5,376	5,102	5,058
海外一般団体	1,514	1,553	1,763
海外学生団体	681	739	843
外国人旅行	217	263	328
外国人旅行前年比	113.5%	121.6%	124.5%

株式会社バリュートラベル九州「ラック」

方面	取扱額	前年対比	目標達成率
東北・北海道	2,657	106.1%	100.6%
関東	1,830	91.5%	90.9%
中部	1,463	91.3%	87.7%
関西・中四国	2,035	109.8%	101.4%
九州・沖縄	2,243	92.7%	91.7%
合計	10,228	98.3%	94.5%

案件 1

差出人	商品企画部　森島部長
件　名	今期の方向性について
宛　先	商品企画部　国内商品企画課　杉本課長　；　海外商品企画課　岸課長
CC	
送信日時	20XX 年　11 月　14 日　8：17

杉本さん、岸さん

お疲れ様です。

下期も 2 か月目に入りましたが、上期の全社累計取扱額の達成率が 94% と苦戦をしているのは周知の通りだと思います。

特に、重点商品の販売額は芳しくありません。
シニア世代を中心とした富裕層をターゲットにした今期の商品戦略に間違いはないと思いますが、ラックのラインナップは他社と比べても特徴がなく、目を引く斬新さがないことが不振の原因の一つだと言わざるを得ません。

今期方針は、「差別化」です。
君たち二人には、今一度、この方針を徹底してもらいたいと思います。

ラインナップが他社にあるものに似ていると当然お客様は価格を重視してご判断されるので、価格競争に巻き込まれてしまいます。
しかも販売店を持たない経費率の低いネット系旅行会社には価格の優位性があるので、当社はどうしても不利になってしまいます。

ですから、価格ではなく、企画内容で勝負をしてほしいのです。

当社の目玉となるような斬新かつ魅力的な企画立案をはかるように期待しています。

案件 2

差出人	商品企画部　国内商品企画課　麦田　和香子
件　名	麦田　ご相談があります
宛　先	商品企画部　国内商品企画課　杉本課長
CC	
送信日時	20XX 年　11 月　10 日　20：31

杉本課長

折り入ってご相談があります。

成長する秘訣というか、どうすれば一人前に成長していけるのでしょうか？

企画に配属になって２年目になったのに私が企画造成した商品の売れ行きがあまりよくなく、毎日焦っています。
日本周遊企画プロジェクトについても、方面担当は全員参加しなければならないので、私も入っていますが、先輩たちとの差があってつらすぎます。

最初は楽しくしていましたが、最近は自分には企画の仕事が向いていないのではないかと自信がなくなってきてしまいました。

愚痴っていても仕方が無いので、自分なりに勉強したりはしています。

柿谷先輩にはもちろん毎日相談しました。

俺も２年目はそんなもんだった。大丈夫だ。頑張れ！で片付けられましたが……。

私とは３歳しか変わらないのに柿谷先輩はプロジェクトのリーダーもやっていますし、そもそも私なんかとは頭のつくりが違うのだと思います。

案件 3

差出人	商品企画部　海外商品企画課　歌川　あさき
件　名	[歌川より]　改善要望
宛　先	商品企画部　国内商品企画課　杉本課長
CC	商品企画部　海外商品企画課　岸課長
送信日時	20XX 年　11 月　14 日　18：11

杉本さん

お忙しいところ大変恐縮ですが、申し上げます。

国内商品企画課の業務中の私語について、改善をしていただく必要があると思います。
先日も取引先と電話をしているのに、国内商品企画課の数名の社員が私が注意をするまでしゃべり続けていました。
このままでは、会社全体に悪影響を及ぼす懸念がありますので、杉本さんからメンバーにご指導を行っていただきたく存じます。

ご多用中、申し訳ございませんが、よろしくお願いいたします。

案件 4

差出人	商品企画部　森島部長
件　名	AI 導入について
宛　先	商品企画部　国内商品企画課　杉本課長　；　海外商品企画課　岸課長
CC	
送信日時	20XX 年　11 月　15 日　16：48

杉本さん、岸さん

お疲れ様です。

全社で導入を進めている AI ですが、各担当が作成している旅行代金表についても、AI を活用して自動作成することになりました。

現状、表計算ソフトを使い手作業で行っていると思いますが、旅行商品の価格変動によって、かなりの時間と手間を要していましたし、担当によって精度にばらつきがあり、改善したいと思っていました。

AI に作業を覚えさせるために、旅行代金表作成のスキルが高い人材の協力が必要です。

とり急ぎ、各課で適任者を決めて報告をしてもらえませんか。

10 月 20 日までにお願いします。

（あなたは金本さんが適任だと考えています。海外視察から帰社後、金本さんにどのように指示を出すのか考えてみましょう）

案件 5

差出人	商品企画部　森島部長
件　名	国内商品企画について
宛　先	商品企画部　国内商品企画課　杉本課長
CC	
送信日時	20XX 年　11 月　13 日　18：44

杉本さん

お疲れ様です。

次の国内商品企画会議ですが、販売の現場の意見も取り入れたいと思っています。

そこで、本社近くの八重洲店と品川高輪口店の支店長に声をかけておきました。

急ですみませんが、当初予定の 30 日から両支店長の都合のよい 27 日に変更となります。

また、時間は 12 時から 14 時までの 2 時間程度を想定していますので、ランチミーティングにしたいと思います。

さきほど、この件を直接伝えようと思い、課に顔を出しましたが、麦田さんしかいなかったので、各方面担当への連絡とランチミーティングの準備を指示しておきました。

フォローしておいてください。

よろしくお願いします。

案件 6

差出人	商品企画部　国内商品企画課　柿谷 隆一
件名	日本周遊企画
宛先	商品企画部　国内商品企画課　杉本課長
CC	
送信日時	20XX 年　11 月　10 日　19：52

杉本さん

お疲れ様です。
柿谷です。

ラックの日本周遊企画造成についての報告です。
ラフプラン作成に入っていますが、大塚さんと他のメンバーとの間で意見がかみあわなくなり、やや進捗が遅れています。

さらに低い値付けをするために、現状のプランに各地の飲食店や土産店に立ち寄る道程を追加して、キックバックの機会を増やしてはどうかとの意見が大塚さんの主張です。

確かに、格安をうりにすることはできるかもしれませんが、当初予定していた旅程は不可能になってしまいます。

大塚さんはベテランで、私たちからはなかなか言いづらいので、どうすればよいのか少し困っています。

以上、よろしくお願いいたします。

案件 7

差出人	商品企画部　国内商品企画課　金本　敏子
件　名	ご相談事項
宛　先	商品企画部　国内商品企画課　杉本課長
CC	
送信日時	20XX年　11月　14日　15：47

杉本さん、お疲れ様です。

特に、お時間をいただいて相談をすることでもないので、メールで失礼します。

実は、少し気になっていることがございます。
それは、麦田さんの体調が少しよくないのかなということです。うつろな目をしていたり、顔色も何となく悪いように感じます。

若い方々と談笑されているご様子を拝見しておりますので、ひどく体調が悪いということはないのでしょうが、杉本さんから、病院に行ってしっかり診てもらうようにお声がけいただいたほうがよろしいのではないでしょうか。

老婆心ながら、心配しております。

案件 8

差出人	商品企画部　国内商品企画課　大塚　和雄
件　名	（大塚）定例会の議事です。
宛　先	商品企画部　国内商品企画課　杉本課長
CC	
送信日時	20XX 年　11 月　13 日　18：46

11 月 28 日の定例会ですが、下記の通り実施します。

議事
16：00～　課長より挨拶

16：15～　各方面の担当より業務進捗共有

17：15～　パンフレット記載の各種約款、旅行条件書のチェック

17：45～　12 月配布パンフレットの各営業所への配送計画について

18：00　　終了

変更があれば訂正しておきますが、いかがでしょうか。

案件 9

差出人	商品企画部　国内商品企画課　長谷川　克也
件名	重点商品企画書の件
宛先	商品企画部　国内商品企画課　杉本課長
CC	
送信日時	20XX 年　11 月　10 日　20：57

課長

長谷川です。

大変言いにくいことなのですが、来週締め切りで、ご指示をいただいておりました重点商品の企画書の提出を少し延期していただけないでしょうか？

来月締め切りの「輪島電鉄でいくレトロ路線の旅」について、パンフレット構成が定まらず難航しており、重点商品の企画書作成になかなか手をつけることが難しい状況となっています。

私自身、物心ついたときから、鉄道が好きで、高校生のときには在来線を乗り継いで、日本一周をしたほどです。
鉄道を通じて本当にいろいろなことを学んできました。
バリュートラベルに入社したのも、旅行会社で勤務すれば私なりに、鉄道に恩返しができるのではないかと考えたからです。

北陸方面の担当になって 1 年、ようやくローカル路線を旅行商品として造成するチャンスをつかみ取ることができました。何としてでもよいものにして多くの方にお申込みいただきたいので、今はレトロ路線の企画に集中したいと思っています。

今後はこのようなことにならないように業務の見直しを図りますので、今回だけ提出の延期をご検討いただけましたら幸いです。

案件 10

差出人	商品企画部　国内商品企画課　麦田　和香子
件　名	麦田　ご相談があります
宛　先	商品企画部　国内商品企画課　杉本課長
CC	
送信日時	20XX年　11月　14日　15：54

杉本課長

ご相談があります。

どうすればよい企画書を書けるのでしょうか？

課長が加賀観光協会様にお話しをしていただいたおかげで、新規サプライヤーとなる旅館やホテルをご紹介くれそうです。
ただ、代わりに各サプライヤーに企画書を提出しないといけないみたいです。

イベントや観光資源の組み合わせを考えるのは得意なのですが、どれくらい収益が得られるのかを計算することに自信がないのが正直なところです。

前も企画会議で数字のところで何度も却下となってしまい、うまくいくのか不安なんです。

案件 11

差出人	管理部　総務課　森山　浩一
件名	改善依頼
宛先	商品企画部　国内商品企画課　杉本課長
CC	
送信日時	20XX 年　11 月　17 日　14：39

TO：杉本課長

お疲れ様です。
国内商品企画課の長谷川さんについて一部の方から相談があがっています。

以下、内容をご確認ください。

・フケが出るのは仕方がないが、時折肩についたものは払ってほしい

・体臭がきついので何とかしてほしい

数名の方から同じ改善依頼をいただいております。

以上、ご確認のうえご対応ください。
よろしくお願いします。

案件 12

差出人	商品企画部　国内商品企画課　西川　純一
件　名	ご報告
宛　先	商品企画部　国内商品企画課　杉本課長
CC	
送信日時	20XX 年　11 月　12 日　11：13

課長

嬉しいご報告があります。

さきほど私も聞いたばかりなのですが、入社して以来はじめて、私が造成した商品の先月取扱額が大台の３億円を突破したそうです。

これは、自分がよいと思ったものをつくるというやり方を変えて、重点商品を考慮してラックのラインナップを充実させたことと、旅行トレンドを分析して国内一人旅の企画を充実させた効果のおかげだと思います。

本当にご指導感謝しています。

案件 13

差出人	商品企画部　国内商品企画課　柿谷　隆一
件　名	日本周遊企画の差別化
宛　先	商品企画部　国内商品企画課　杉本課長
CC	
送信日時	20XX 年　11 月　14 日　12：04

杉本さん

お疲れ様です。
柿谷です。

ラックの日本周遊企画ですが、結論から申し上げると、他社との差別化についてこれ以上は難しいような気がしています。

確かに、杉本さんのおっしゃる通り、訪問する場所や食事については他社と類似していますが、顧客のニーズは世界遺産などの有名スポットを巡ることにありますので、訪問地は類似していても仕方がないと思います。

ラグジュアリーバスや観光列車を乗り継いで一周すること自体、面白い企画なので十分だと思います。

現企画を改善する必要があるのであれば、以前却下された内容ではありますが、大塚さんもおっしゃっているように、何かしらの対応を行い、現在の設定価格 150 万円から値下げをすれば、収益は減るものの、価格帯での差別化は図れます。

この件について、一度まとまった時間を取って、現在抱えている課題を共有する機会を頂きたいです。

以上、よろしくお願いします。

案件 14

差出人	商品企画部　国内商品企画課　長谷川　克也
件名	おすすめの旅 11 月号
宛先	商品企画部　国内商品企画課　杉本課長
CC	
送信日時	20XX 年　11 月　14 日　9：52

課長

長谷川です。

大変言いにくいことなのですが、「おすすめの旅」11 月号で誤植を出してしまいました。

京都龍明閣宿泊 3 日間プランで、89,000 円と記載のところを 8,900 円と間違っており、ホームページにお詫びの掲載と、各支店にパンフレット廃棄の連絡はしておりますので、一旦事なきを得ている状況となっています。

原因といたしましては、入稿 2 時間前に電話で連絡したデザイン会社に価格修正依頼が正しく伝わっていなかったことだと思います。

余裕を持ってスケジュールを組むように繰り返しご指導いただいたにもかかわらず、このような事態をまた引き起こしてしまったことお詫び申し上げます。

再度自らの業務を見直し、二度とこのようなことが無きよう努めて参ります。

このたびは大変申し訳ございませんでした。

（関係各所に謝罪や今後の対応について連絡をしたという前提で、帰社後、あなたは長谷川にどのように対応をするのかを考えてみましょう）

案件 15

差出人	商品企画部　森島部長
件　名	重点取り組みについて
宛　先	商品企画部　国内商品企画課　杉本課長
CC	
送信日時	20XX年　11月　14日　14：07

杉本さん

さきほど、今期方針の徹底についてメールをしましたが、特に国内商品企画の進捗状況は深刻だととらえています。

今、各方面のパンフレットを改めて確認していますが、今期の重点取り組みとして設定したシニア向けのコースがどれなのかまったくわかりません。

各担当に方針が浸透していないような印象を受けました。
少し杉本さんの管理が甘いようです。

あわせて、当社のオリジナリティがあるプランはどれなのでしょうか？
このままで他社との差別化が図れるのか正直不安です。

国内商品企画の残業時間が増えて経費が増えているにもかかわらず、魅力的なプランが造成できていない現状について、課長としてどのように考えていますか？

今度面談をさせてください。

（この案件に関しては、森島部長に対してお詫びをした前提で、部下に対して帰社後どのような行動をとるのかを回答してみましょう）

案件 16

差出人	お客様相談室　玉田　稔
件　名	クレームメール転送
宛　先	商品企画部　国内商品企画課　杉本課長
CC	
送信日時	20XX 年　11 月　16 日　11：43

お疲れ様です。
今回は九州旅行でしたが、各方面で同じようなクレームが頻発しています。
早急に改善願います。

****************************（元メール）**********************************

差出人	System
件　名	お問い合わせ受け付けました
宛　先	お客様相談室
CC	
送信日時	20XX 年　11 月　15 日　22：26

先日御社のツアーに参加しました。
その旅行は湯布院の温泉と夕食に関サバ、関アジを堪能するといった内容でパンフレットにはそのサバとアジの豪華な写真が載っていました。

楽しみにしていた食事ですが、
実際は写真とは程遠く、ものすごくショボかったです。
あきれて笑うしかないほどでした。
サバのお刺身３切れアジの叩きが少々です。
写真はイメージと記されていましたが、あまりにひどいです。

まるで詐欺にあったような気がして腹が立ちました。

案件 17

差出人	商品企画部　国内商品企画課　金本　敏子
件　名	旅行代金表作成
宛　先	商品企画部　国内商品企画課　杉本課長
CC	
送信日時	20XX 年　11 月　14 日　21：02

杉本さん、お疲れ様です。


明日より 5 日間、金本は所用のためお休みをいただくことになっておりますが、11 月 20 日分の残業申請をいたします。

（19 日までは家庭の事情でどうしても出勤することはできません）

理由は各方面の旅行代金表の作成のためです。

現在、この作業は私にしか難しいようなので、残業しなければ間に合いません。
0 時をまわらないようにはいたします。

恐れ入りますが、よろしくお願いいたします。

案件 18

差出人	商品企画部　海外商品企画課　岸課長
件　名	先日の資料ありがとうございます
宛　先	商品企画部　国内商品企画課　杉本課長
CC	
送信日時	20XX 年　11 月　13 日　9：54

杉本さん

毎日の激務お疲れ様です。

岸です。

先日の資料ありがとうございました。おかげでシニア向け商品として、今ブームになっている終活をテーマとした企画を立てることができました。


しかし、ここ最近、積極採用を進めているとはいえ、社員の半数以上は 20 代というのは、昔からいた我々にしてはなかなか戸惑いが多いですね。

課長としては若手社員とベテラン社員とのコミュニケーションをいかに図っていけばいいのか悩むところです。

私なんかは、数か月前から SNS を活用してチャット形式で意見交換をできるようにしたところ、少しずつですが、社員間のギクシャクは緩和してきたように思います。

案件 19

差出人	商品企画部　国内商品企画課　西川　純一
件　名	ご相談
宛　先	商品企画部　国内商品企画課　杉本課長
CC	
送信日時	20XX 年　11 月　18 日　18：49

課長

ご体調はいかがですか。

明日ご出勤をされるとお聞きしましたので、ご相談があり連絡をしました。

転送したメールの件なのですが、確認したところ、ツアー中止のご連絡ができていないことがわかりました。

本当に申し訳ございません。今までこのような連絡漏れをしたことがなかったので本当に落ち込んでしまっています。

森江さんにすぐに連絡をしようと思っていましたが、いつも森江さんは私に対してきつく当たってくることが多いので、何を言われるのかと思うと正直怖く、躊躇してしまっています。

ただお詫びのご連絡はしないといけませんが、どうしたらよいのか相談をさせてほしいと思います。


****************************（転　　送）**********************************

西川さん

ご多用中のところ恐れ入ります。
VLT トラベルサポート派遣添乗員の森江でございます。

11 月 20 日福岡発の 1 泊 2 日別府温泉バスツアーにつきまして、本日、旅程の最終確認のため、宿泊先である泉グランドホテル様にご連絡をいたしましたところ、予約が入っていないという返答でしたが、これはどういうことでしょうか。
早急にご連絡をお願いします。

案件 20

差出人	商品企画部　国内商品企画課　大塚　和雄
件　名	（大塚）ご報告です。
宛　先	商品企画部　国内商品企画課　杉本課長
CC	
送信日時	20XX 年　11 月　15 日　17：52

新規サプライヤーの山手バスと仕入交渉を行い、他社よりも安値の見積もりを出してもらえたので本契約を行いました。
このバス会社を今後の企画造成に使っていけば、低価格プランとして売上を突き上げることができ、目標達成のめどがつくはずです。

あとは他の方面担当ががんばってくれれば課全体の目標達成につながっていくと思うのですが、はたして大丈夫なのでしょうか？

そもそも彼らは自分たちの趣味に走る企画ばかり出して、売上のことをあまり考えていないように思います。
しかも、会議にあがってくる企画もありきたりなものばかりで話になりません。

杉本さんからもっと指導したほうがよいと思うのですが、いかがでしょうか。

第三章

部下が動き出す指導方法

案件 1

差出人	商品企画部　森島部長
件　名	今期の方向性について
宛　先	商品企画部　国内商品企画課　杉本課長　；　海外商品企画課　岸課長
CC	
送信日時	20XX 年　11 月　14 日　8：17

杉本さん、岸さん

お疲れ様です。

下期も２か月目に入りましたが、上期の全社累計取扱額の達成率が 94% と苦戦をしているのは周知の通りだと思います。

特に、重点商品の販売額は芳しくありません。
シニア世代を中心とした富裕層をターゲットにした今期の商品戦略に間違いはないと思いますが、ラックのラインナップは他社と比べても特徴がなく、目を引く斬新さがないことが不振の原因の一つだと言わざるを得ません。

今期方針は、「差別化」です。
君たち二人には、今一度、この方針を徹底してもらいたいと思います。

ラインナップが他社にあるものに似ていると当然お客様は価格を重視してご判断されるので、価格競争に巻き込まれてしまいます。
しかも販売店を持たない経費率の低いネット系旅行会社には価格の優位性があるので、当社はどうしても不利になってしまいます。

ですから、価格ではなく、企画内容で勝負をしてほしいのです。

当社の目玉となるような斬新かつ魅力的な企画立案をはかるように期待しています。

案件1　選択肢

A　このメールを部下全員に転送する。あわせて方針を徹底するように伝える。

B　価格競争に巻き込まれると当社は不利になるので、たとえばシニア向けに「見るまで死ねない絶景ツアー」を企画するなど、他社にはない商品開発を進めてほしいと部下に指示をする。

C　販売不振の原因は方針がよくないからだ。部下には低価格路線で企画を考えるように指示を出す。

解答記入欄

案件1 解説

第一節　方針を浸透させるための3か条

私が管理職を対象としたマネジメント研修に登壇すると、休憩時間や研修終了後に、受講生の方から「部下が会社の方針に反発して動いてくれない」、「自分の指示が部下になかなか伝わらない」などの悩みを伺うことがあります。悩みの多くは方針の浸透のさせ方に原因があるのかもしれません。

そもそも、リーダーには会社の方針を部署内に伝達して、部下の行動にまで方針徹底させ、管理をしていくという役割が求められています。方針を部署内に十分浸透させれば、細かい指示を出さずとも部下は方針に従い自然と動き出し、部署全体が一丸となって業務を推し進めてくれるようになります。それが、会社全体の業績向上に寄与して、企業全体の発展につながっていくのです。

先日、私は家族旅行で東京ディズニーランドに行ってきました。

各アトラクションやパレードなどのイベントなどが素晴らしいことは言うまでもありませんが、特に感動したのは「キャスト」と呼ばれるスタッフたちの立ち居振る舞いです。たとえば、ランド内を清掃しているキャストは、ホウキでごみを集めるときでも、まるでダンスをするかのように振る舞い、ブラシで水拭きをしているキャストは地面にキャラクターの絵を描いてくれ、それはまるで一つのショーを見ているようでした。また、ランドの出入り口や駅付近に立っているキャストは笑顔でずっと手を振り続け、ディズニーが持つ世界観を私たちが帰路につくまで保ち続けてくれました。

ディズニーランドのキャストには、守るべき4つの基準があるそうです。一つ目は、キャストや来園者にとって、安全な場所や安らぎの場所を作り出すこと。二つ目は、「すべてのゲストがＶＩＰ」というように心を込めたおもてなしをすること。三つ目は、あらゆるものはテーマショーという観点に立ち、キャストも「毎日が初演」という気持ちを持つこと。そして、最後は、チームワークを発揮することで効率化を図ること。これら4つの行動基準さえ守れば、ある程度自由に業務を進めることが認められているそうです。

つまり、この4つの基準が徹底されているからこそ、ディズニーランドのキャストは臨機応変にあらゆる業務に対応することができますし、私が感じた感動をどのお客様にでも提供することが可能となっているのです。

ところが、ディズニーランドのキャストのように振る舞えるまでに方針を浸透させることは実際の職場では難しいようです。理由は、上層部の方針をそのまま理解できるのは、リーダーであるあなたくらいまでで、部下たちは自分の普段抱えている業務とは必ずしも直結していないと感じることが多いからです。だから、上層部からの方針をそのまま伝えても、あまり意味がありません。

事実、私も会社の方針を部下全員に一律で伝えるようなことはしません。私は、25名の部下をマネジメントしていますが、年齢は20代~50代までと年齢層がバラバラで、スキルの習熟度や理解度も異なり、方針の伝わり方もまちまちだと考えているからです。ですから、部署内の会議で方針の説明をする時間を多くとって質問を受け付けたり、場合によっては、個別で方針について説明をしたりして、かなり慎重にかつ、丁寧に方針を伝えるようにしています。**方針を浸透させきれなかったら、あとで、部下がバラバラに動いたり、いつまでたっても細かい指示を出さなければならなかったりすることを理解しているからです。**

では、どのようなことを意識して方針を浸透させたらよいのでしょうか？

それは、方針を伝達するための3か条を押さえておくことです。

1. 方針を咀嚼する

まずは、方針を咀嚼するようにしましょう。咀嚼とは、出された方針がどのような内容なのかをあなた自身が整理して理解をすることです。そうすれば、方針を自分の言葉で部下に伝えることができますし、部下からの質問にも納得いくまで答えることができます。ここでのポイントは、方針を伝えるときに、自分の意思も交えて伝えるということです。

2. 方針の背景を伝える

どうしてこの方針が出されることになったのか、現在会社が抱えている課題であったり、競合他社などの外部環境であったりと、自社が置かれている状況を交えて方針を伝えるようにします。

3. 部下の業務に置き換えて方針を伝える

多くの場合、全社的な視点から方針は作られますので、それを部下の業務レベルにまで細分化しなければ、なかなか方針は浸透していきません。ですから、部下の抱えている業務でどういったことをしたら方針を守ることになるのかを説明することが大事なのです。

あなたがチャレンジしたインバスケットの案件1で考えてみましょう。

案件全体を見通すと、部下が方針に従わないなどの案件があったと思います。そういったことを防ぐためにも、案件1で上司から伝達された方針をいかに部署に浸透させるかが回答のポイントとなっています。

選択肢Aは、ただ方針を部下に転送しているだけなので、方針を浸透させるためには課題が残ります。

選択肢Cは、方針を逸脱する行動がとられていますので、そもそも方針を徹底させるというリーダーとしての役割が果たせていません。

方針を浸透させるために必要な行動をとっているのが、選択肢Bとなります。「たとえばシニア向けに「終活ツアー」を企画する」と方針を咀嚼して自分の意思を伝えるとともに、部下の業務レベルで伝えることができています。さらに、価格競争など外部環境を伝えることで、方針の背景を伝えることができています。

このように、あなたも方針を部下に伝えるときには、「咀嚼する」、「背景を伝える」、「部下の業務に置き換える」３か条を意識するようにしましょう。そうすることによって、部下が自然と動き出す組織づくりが可能となるのです。

案件 2

差出人	商品企画部　国内商品企画課　麦田　和香子
件　名	麦田　ご相談があります
宛　先	商品企画部　国内商品企画課　杉本課長
CC	
送信日時	20XX 年　11 月　10 日　20：31

杉本課長

折り入ってご相談があります。

成長する秘訣というか、どうすれば一人前に成長していけるのでしょうか？

企画に配属になって２年目になったのに私が企画造成した商品の売れ行きがあまりよくなく、毎日焦っています。
日本周遊企画プロジェクトについても、方面担当は全員参加しなければならないので、私も入っていますが、先輩たちとの差があってつらすぎます。

最初は楽しくしていましたが、最近は自分には企画の仕事が向いていないのではないかと自信がなくなってきてしまいました。

愚痴っていても仕方が無いので、自分なりに勉強したりはしています。

柿谷先輩にはもちろん毎日相談しました。

俺も２年目はそんなもんだった。大丈夫だ。頑張れ！で片付けられましたが……。

私とは３歳しか変わらないのに柿谷先輩はプロジェクトのリーダーもやっていますし、そもそも私なんかとは頭のつくりが違うのだと思います。

案件2　選択肢

A 柿谷に仕事のノウハウをマニュアル化させて全員に水平展開させる。

B 柿谷に麦田に仕事をつきっきりで教えるように指示を出す。

C 自分が麦田に仕事を教える。

解答記入欄

案件2 解説

第二節 「できる部下」の活用の仕方

部下が自然と動き出すような組織をつくっていくためには、「できる部下」をいかに増やし活用するのかがキーとなってきます。

ここでいう「できる部下」とは、事細かに指示をしなくとも自分で考えて動いてくれ、一教えたら十のことを学び取るような部下のことです。

このような「できる部下」に仕事を任せたいという気持ちになるのが人情というものですが、**一人の部下に業務を集中させると、組織として大きなリスクを抱え込むことになってしまいます。**それは、部下をつぶしてしまうというリスクのほかに、最も大きなリスクは、「あの人しかやり方がわからない」という状態、つまり、業務の属人化を生み出してしまうことです。

恥ずかしい話ですが、私も「できる部下」に仕事を任せすぎた結果、非常に困ったことがありました。

ちょうど5年ほど前。それは、私が今の部署をマネジメントするようになったころです。私の部署では、インバスケット教材を開発すること以外に、受講生の回答を分析する業務も行っています。回答の分析は、特別なシステムを活用して進めていくのですが、その当時、そのシステムの中身を把握しきれている部下は、たった一人しかいませんでした。ですから、メンテナンスであったり、何か不具合が生じた場合は、この部下にすべてを任せていました。もちろん、お客様から分析の依頼があると、不具合がおきないか点検をしてもらい、各担当が分析を行っていくようにしていました。

その部下が休暇をとっているときに事件は起きました。

お客様から分析資料を早急にほしいとご依頼がありました。いつものようにシステムに各種データを入力して分析にかけようとしたときに、そのシステムが稼働しなくなったのです。分析担当数名でいろいろ試したりするものの、まったく動く気配はありません。お客様からもはやく欲しいという連絡が再三きます。

そのときは、システムを把握していた部下に連絡をとり、電話で操作説明をしてもらいながら、事なきを得ました。

このような事態を引き起こしてしまったのは、私が一人の部下に業務を依存していた、つまり、業務の属人化を放置しておいたからです。

システムのマニュアル作成をこの部下に指示したり、あるいは勉強会を開いたりして、システムを把握している担当を他にもつくっていれば、このような事態は起きなかったはずです。

ここから得た教訓とは、**「できる部下」の業務上のノウハウを部署全体に浸透させる必要があるということです。**これこそが、「できる部下」の本当の活用の仕方だと言ってよいでしょう。

そもそも、あなたが事細かに指示を出さないと、部下が動いてくれないのは、それぞれの部下の業務の習熟度が低いということが原因の一つとして考えられます。ですから、「できる部下」のノウハウを部署内に浸透させて、『「できる部下」を増やす』ことが大事なのです。

もちろん、できる部下を指導係にして、マンツーマンで教えていく方法もありますが、全員にノウハウを浸透させるには時間がかかります。また、伝言ゲームのようにまったく異なった方法が伝達されていくという可能性もあるので、あまりお勧めはしません。

だったら、リーダーであるあなたが直接教えたらよいのではないか？という言葉も聞こえてきそうですが、それもあまり効果的ではありません。なぜならば、リーダーになると、基本は現場と距離をおいて仕事をするので、「今現場で使えるノウハウ」を把握しきれていない可能性が高いからです。

では、どのようにすればよいのでしょうか？

一番よいのは、「できる部下」のノウハウをマニュアル化するということです。業務を教えていくにしても、「できる部下」のノウハウをマニュアル化して、それを教科書代わりにしたほうがはるかに効率的ですし、業務が伝達する過程で内容が変わるということもないでしょう。

たとえば、大手ハンバーガーチェーンはどこの店舗に行っても、同じ品質の商品、サービスを提供してくれます。これは、ハンバーグの焼き方やソースのかけ方、あるいは言葉遣いやわずかな店員のしぐささえ、事細かにマニュアル化され、それが全国で徹底されているからです。

このようにノウハウが全体に浸透すれば、あなたが事細かに指示をしなくてもよくなり、部下が自然と動き出す組織につながっていくのです。

案件2で考えてみましょう。

選択肢Cは、あなた自身が業務を教えようとしている行動は主体性を持っている点ではすばらしいのですが、リーダーが必ずしも現場の知識を持っているとは限らないという観点を考えると、今回のケースでは不適となります。

選択肢Bは、柿谷を「できる部下」ととらえて、業務を教えるよう指示を出しています。1対1で伝える非効率さを考慮すれば、「できる部下」を活用するという行動としては課題が残ります。

選択肢Aのみが、「できる部下」のノウハウをマニュアル化するという行動となっているので、最適解としています。

自然と部下が動き出すような組織を目指して、あなたも「できる部下」の使い方を改めて見つめなおしてみましょう。

案件 3

差出人	商品企画部　海外商品企画課　歌川　あさき
件　名	[歌川より]　改善要望
宛　先	商品企画部　国内商品企画課　杉本課長
CC	商品企画部　海外商品企画課　岸課長
送信日時	20XX年　11月　14日　18：11

杉本さん

お忙しいところ大変恐縮ですが、申し上げます。

国内商品企画課の業務中の私語について、改善をしていただく必要があると思います。
先日も取引先と電話をしているのに、国内商品企画課の数名の社員が私が注意をするまでしゃべり続けていました。
このままでは、会社全体に悪影響を及ぼす懸念がありますので、杉本さんからメンバーにご指導を行っていただきたく存じます。

ご多用中、申し訳ございませんが、よろしくお願いいたします。

案件3　選択肢

A 今後、一切の雑談を禁止する。業務時間中に雑談を行うことは言語道断だ。

B 他者が電話対応中のみ雑談はやめさせる。それ以外ならば雑談を認める。

C 事実かどうかわからないので、しばらく様子を見てみる

解答記入欄

案件3 解説

第三節　雑談が生み出すチームの成果

まず、質問です。

あなたは、チームをつくっていくときに、「部下が業務に集中して、緊張感が漂った静かな部署」と「部下同士の声が飛び交って、少しうるさいかなと思うくらいにぎやかな部署」、どちらのタイプを目指しますか？

人によって意見は異なると思いますが、私は断然、にぎやかな部署のほうがよいと思います。事実、私がマネジメントをしている部署も非常ににぎやかです。お客様やまわりに迷惑がかかっていなかったり、集中する時間をしっかり確保できていて、かつしっかりと仕事を進めていたりするのであれば、雑談など少しばかりのおしゃべりをしてもよいと思っています。

これは、ただ私の好みだけで言っているのではありません。実は、にぎやかな部署のほうが、静かな部署に比べて、よい効果が得られるからです。

では、にぎやかな部署だと、どのような効果が得られるのでしょうか？

まずは、**あなたが何かを働きかけなくとも、様々なアイデアや意見が自然と出てくるようになり、業務の効率化や革新的な商品の開発などの実現につながっていくという効果が得られます。**

「心理的安全性」という言葉があります。

これは、部署のメンバーである誰もが安心して気兼ねなく発言ができ、心をさらけ出せる場所や雰囲気のことを言います。あなたの部署が心理的安全性を保てる場所であれば、普通の場所では出すことを躊躇するような斬新なアイデアや意見を遠慮なく発言できるようになるのです。

この心理的安全性を部署で作り出すために、効果的な手段が雑談です。部下同士でざっくばらんに雑談を行うことで、コミュニケーションが活発になり、部下一人一人が、「ここではどのようなことを発言しても大丈夫だ」と思ってくれるようになるわけです。

次に、**雑談によって、にぎやかな職場を作り出すと、部署内で仕事の精度が高まったり、部署全体の生産性が向上したりするという効果も期待できます。**

「ウルトラディアンリズム」という90分単位の体内リズムが人間にはあります。人間の睡眠も、浅い眠りのレム睡眠と、深い眠りのノンレム睡眠が90分ごとの周期で訪れるのはかなり知られた話です。これもウルトラディアンリズムの一つです。

これと同じく、人間の集中力が維持できるのも、90分が限界だと言われています。つまり、仕事においても、人間は90分しか集中力が保つことができずに、それを過ぎてしまうと、仕事の精度や生産性が落ちていき、ミスが発生する確率も高くなっていきます。

私が研修を進めていくときも、90分ごとに休憩を入れるようにしています。90分を超えると集中力が落ちていき、学習効果も薄れていくからです。

仕事でも同じです。90分ごとに休憩をはさむようにしたほうがよいのです。トイレ休憩に立ったり、おやつをとったり、コーヒーブレイクを入れたりと、様々な休憩の取り方がありますが、社内で許されるのであれば、雑談など少しのおしゃべりも集中力を回復させる手段の一つです。

これまでお伝えしたことをふまえて、案件3で考えてみましょう。

雑談を認めているのは、選択肢Bのみとなります。

選択肢Cは、何かを判断したり、行動したりしていませんので、リーダーの案件処理としては課題があります。

選択肢Aは、「今後一切の雑談を禁止する」という明確な意思決定をしていることは非常に素晴らしいのですが、本書のテーマである部下が自然に動き出すような指導としては適していません。


ここまで雑談で得られる効果について書いてきましたが、必ずしも「部下には必ず雑談をさせなければならない」と思わなくても構いません。ただ、部下が意見を言いやすくする場所を作り出し、仕事の質を高めていくためには、部下に雑談をさせるという選択肢もあるということを知ってほしかったのです。ぜひ、この選択肢を取り入れて、あなたの部下指導の幅を広げていっていただければと思います。

案件 4

差出人	商品企画部　森島部長
件　名	AI 導入について
宛　先	商品企画部　国内商品企画課　杉本課長　；　海外商品企画課　岸課長
CC	
送信日時	20XX 年　11 月　15 日　16：48

杉本さん、岸さん

お疲れ様です。

全社で導入を進めている AI ですが、各担当が作成している旅行代金表についても、AI を活用して自動作成することになりました。

現状、表計算ソフトを使い手作業で行っていると思いますが、旅行商品の価格変動によって、かなりの時間と手間を要していましたし、担当によって精度にばらつきがあり、改善したいと思っていました。

AI に作業を覚えさせるために、旅行代金表作成のスキルが高い人材の協力が必要です。

とり急ぎ、各課で適任者を決めて報告をしてもらえませんか。

10 月 20 日までにお願いします。

（あなたは金本さんが適任だと考えています。海外視察から帰社後、金本さんにどのように指示を出すのか考えてみましょう）

案件4　選択肢

A

金本さん、少し相談させてもらってもよいですか？ 旅行代金表作成業務のＡＩ化にあたって業務の洗い出しを指示されているのですが、どうしたらよいと思いますか？

B

旅行代金表作成業務のＡＩ化を進めていくことになりました。金本さんが中心になって旅行代金表をつくってもらっていると思います。いつも金本さんが取り組んでいる業務をリスト化するようお願いします。

C

旅行代金表作成を AI 化することになった。ついては、金本さんがいつも受け持っている業務の洗い出しをしておくように。

解答記入欄

案件4　解説

第四節　ベテラン部下への指示の出し方

「指示をしても部下から反発にあってしまい、結局自分で業務をこなすことになった」

「指示をしたはずなのに、なかなか動いてくれない」

「部下が作成した資料の修正を指示しても、へそを曲げてしまい、関係がぎくしゃくしてしまった」

このような悩みを持っている方は多いと思います。私も同じような悩みを抱いたことがあります。これらの悩みは、部下への指示の出し方に原因があります。

部下にスムーズに動いてもらうためには、指示の出し方で押さえておくべきポイントがあります。

それは、部下に応じて指示の出し方を変えるということです。そこで、基本的な5つの指示の出し方を確認しておきましょう。

・依頼

「～してください」、「～をお願いします」など、よく使用される指示の出し方です。

・命令

「～せよ」、「～するように」など、命令して指示を出すタイプです。これは、能力が発揮しきれていない部下に対して、必ず遂行してもらわないといけない業務を任せるときに使用したり、災害発生時やクレームが発生しているときなど、緊急かつ重要な問題の解決のために指示を出すときに使用します。

・助言

「～してみたらどうだろう?」などと助言をするように指示を出す方法です。モチベーションが高かったり、自信を持っていたりする部下に対して、間違いを指摘したり、修正を指示したりする場合に使います。助言で指示を出すことで、モチベーションを下げずに行動してもらうことができます。ただし、あくまであなたが部下よりも知識やスキル、経験などが高い場合に限ったほうがよいでしょう。この指示の出し方は、あなたが部下よりも上に立っているという前提ではじめて成立するからです。

・問いかけ

「～についてどのように思う?」などと問いかけるように指示を出す方法です。部下に考えてもらうなど教育をするときに使用します。このタイプの指示を出すときには、業務の内容が部下のレベルに応じたものでなくてはなりません。もし、部下の能力よりもレベルの高すぎる業務であるならば、考えても答えにいきつくことは難しく、結局動けなくなります。あるいは、部下の能力よりもレベルの低すぎるものであるならば、「馬鹿にされている」などの誤解や反発を生んでしまい、スムーズに行動に移してくれなくなるかもしれません。

・相談

「～をしようと考えているのだけど、どう思いますか?」、「～についてどうしたらよいと思う?」など、あたかも相談をするかのように指示を出す方法です。あなたと同程度のレベルの部下か、あるいは、あなたよりも経験や知識、技術を持っているようなベテラン部下に対して使用すると、スムーズに自分の指示が伝わりやすくなります。

これらの指示の出し方を部下のタイプや状況に応じて使い分けることで、部下はあなたの指示に従って動いてくれるようになるのです。

指示の使い分けを基本としておさえたところで、ここでは、ベテラン部下の扱い方について考えてみましょう。

どうして、ベテラン部下を取り上げるのか?それは、多くのリーダーがベテラン部下へのマネジメントについて悩んでいるからです。

私自身も自分よりも年上で、経験も知識もある部下に悩んだことがあります。私がマネジメント職についたばかりの頃です。

ある業務について、そのベテラン部下に指示を出すと、「もっと細かく指示を出して、情報をいただかないと動くことはできません」と言われました。

私自身もリーダーとしては若葉マークをつけていたころですので、「ああ、そうか。指示の出し方が悪かったのだな」と反省をして、先に出した指示よりもより細かく、あたかも若手部下に仕事を教えるくらいにかみ砕いて、指示を出しました。

すると、次は「私を馬鹿にしているのですか?そこまで言わなくてもわかります」と。

こういったやりとりを繰り返していくと、私もリーダーとして部下を動かさないといけないと思っていたので、「とにかくやってください」や「私の指示に従わないということは、会社の方針に従わないということです」など、力技で指示を出していくようになるわけです。こうなると、コミュニケーションがさらにとれなくなり、指示も伝わらない、ことあるごとに反発にあうなどの悪循環に陥ってしまいました。

このような私のマネジメントのやり方を見かねたのでしょう。あるとき、上司から「自分の部下としてみるのではなくて、人生の先輩として見方を変えてみるとよい」と助言をもらったことがあります。それを聞いて、私はハッと我に返りました。ベテラン部下ですから、私よりも年齢も知識も経験も上、きっとプライドも高いに違いない。そのような方に上から目線で指示を出しても聞き入れてもらえるわけないではないかと。恥ずかしながら、ようやくそのことに気づけたのです。

ここだけは譲れないという線は引いておき、あとは、このベテラン部下からの指摘をきちんと受け止め、ときには教えを乞いました。そうすると、指示をしても動いてくれるようになり、場合によっては、部下自身が先回りをしてくれて、私が指示をする前に業務を終わらせてくれているといったことも出てきました。

この接し方こそが、ベテラン部下を動かすための基本です。つまり、**組織のうえでは上司と部下の関係でも、人生の先輩として尊敬をしつつ業務のお願いをしていくことがベテラン部下に動いてもらうためには大事なことなのです。**

では、案件4で考えてみましょう。

選択肢Cは、命令で指示を出しています。案件から金本さんがどのような部下なのかを考えると、いわゆるベテラン部下という位置づけかと思います。ベテラン部下に対して命令で伝えてもなかなか動いてくれないかもしれません。命令は、成果をあげきらない部下などに行ったほうが効果的です。

選択肢AとBを比較してみると、Bの依頼形で指示を出すよりも、相談をするように指示を出しているAのほうが、ベテラン部下を動かすためには効果的だと言えます。

指示の出し方を少し工夫するだけで、部下の受け取り方はまったく違ってきます。ぜひ、部下の特徴に応じて指示の出し方を使い分けてみてはいかがでしょうか。

案件 5

差出人	商品企画部　森島部長
件　名	国内商品企画について
宛　先	商品企画部　国内商品企画課　杉本課長
CC	
送信日時	20XX 年　11 月　13 日　18：44

杉本さん

お疲れ様です。

次の国内商品企画会議ですが、販売の現場の意見も取り入れたいと思っています。

そこで、本社近くの八重洲店と品川高輪口店の支店長に声をかけておきました。

急ですみませんが、当初予定の 30 日から両支店長の都合のよい 27 日に変更となります。

また、時間は 12 時から 14 時までの 2 時間程度を想定していますので、ランチミーティングにしたいと思います。

さきほど、この件を直接伝えようと思い、課に顔を出しましたが、麦田さんしかいなかったので、各方面担当への連絡とランチミーティングの準備を指示しておきました。

フォローしておいてください。

よろしくお願いします。

案件5　選択肢

A 麦田に声をかける。何か困ったことがあれば相談するように指示を出す。

B 麦田が困れば何か声をかけてくるだろう。特に何も指示を出さない。

C 麦田に企画会議変更を部署内に共有するよう指示をする。参加者9名分のお弁当を手配し、11時まで届くように指示する。

解答記入欄

案件5 解説

第五節　マニュアル部下への指示の出し方

「言われた通り動いているつもりですが、うまくできません」

この言葉は、私がある若手の部下から打ち明けられた悩みです。これまで、自分は事細かに指示していると自負していましたので、驚きとともに大きなショックを受けたことを覚えています。

ただ、ここでダメな部下だと諦めてしまっては、いつまでたってもあなたのチームはよくなっていきません。このような若い部下をいかに戦力化していくのかが、理想とする「暇そうな上司」になるために必要なのです。

2：6：2

この比率は、あなたのチームの人員構成をあらわしたものです。上位の2割はいわば、指示を出さずとも成果を残せるような有能な部下、中間の6割は、指示をすればある程度動ける部下。そして、下位2割がなかなか活躍できなかったり、新入社員や今回のケースで紹介した指示を出してもなかなか動けなかったりする若手の部下などがあてはまります。

この下位2割の部下を上位8割にいかに引き上げるかが、あなたが指示を出さなくても自然と部下が動き出すチームになるかのポイントになってきます。

「マニュアル世代」という言葉があります。

すべての若手部下がそうだというわけではありませんが、地頭《じあたま》や能力はすばらしいのに、事細かに指示をしていかないと動かないという、いまどきの若手部下の特徴を表した言葉です。

つまり、この世代は、あたかもマニュアルに記載されているように、事細かに指示を出さないと動くことができない場合が多いようです。

「ここまでしないと動かないのか、最近の若いやつは面倒くさい」

そう思われる方も多いのではないでしょうか？

しかし、自分が若手と呼ばれた時代を思い出してみましょう。きっといまどき部下と同じだったのではないでしょうか？　私自身も「お客様が喜ぶような提案をするように」と言われて、何をどうしてよいのかがわからなかった記憶が強く残っています。

中には、部下にじっくりと考えさせるために、あえてあいまいな指示を出しているという方もいらっしゃいますが、効果があるのはある程度、知識や経験を持っている部下に対してのみです。いまどき部下に対しては、この指示の出し方はあまり効果的ではありません。そもそも、考えるために必要な知識や技術が備わっていないことが多いからです。

ですから、**「マニュアル世代」のいまどき部下に対しては、あたかもマニュアルを指し示しながら教えるかのように事細かに指示を出すことが必要です。**

ただし、ずっと同じように指示をする必要はありません。能力レベルが低いというわけではなく、業務のベースとなる知識が備わっていないだけだからです。細かく指示を出して、ある程度部下がその業務についての進め方を覚えたら、細かく指示をするどころか、指示を出すことすら必要なくなってくるでしょう。

では、どのように指示を出せばよいのでしょうか？

ポイントは２つあります。

まず１つ目は、**手順を示す**ことです。

たとえば、あなたは会議で必要な資料を部下にコピーしてもらいたいと考えていたとしましょう。そのとき、「明日の会議で使う資料を10部コピーしといて」とだけ指示をしたとしても、「マニュアル世代」の若手部下だと動いてくれないかもしれません。

そうではなくて、「まず、私のフォルダに「会議資料」というファイルが入っています。このファイルをＡ４で10部コピーしてほしい。コピーしたら、１部ずつホッチキスでとめてください。完了したらチェックをしたいので資料を持ってきてください」と手順を伝えて指示を出すようにしましょう。

ここで、なぜその指示なのか、指示の背景や理由も伝えるとなおよいでしょう。

次に**あいまいな言葉をつかわない**ことです。

あいまいだと考えられる言葉を紹介しておきましょう。

「なるべく」、「そのうち」、「とりあえず」、「問題ないように」、「できるだけ」、「多少」、「思う」、「のちほど」、「なるはやで」、……

これらの言葉は、人によってとらえ方が異なるので、あなたが考えることと部下の受け止めた意味とでズレが生じてしまいます。だから、指示をしてもあなたが考える通りに部下が動いてくれなかったり、部下を悩ませてしまったりするのです。

今回のケースで考えてみましょう。

選択肢Aは、「何か困ったことがあれば相談するように」とあいまいな言葉を使っている点で、若手部下への指示の出し方としては課題が残ります。また、選択肢Bは、そもそも指示すら出していないので今回のケースでは評価がしづらいものとなっています。手順で指示を出しており、あいまいな言葉を使用せず、具体的な指示となっている選択肢はCのみとなりますので、こちらが最適解となります。

このように、「マニュアル世代」の若手部下に対しては、手順を伝えたり、あいまいな言葉を使わないで指示を出すようにしましょう。この指示を出し続けることが、若手部下の成長につながります。つまり、いつかは指示を出さずとも動き出す部下へと生まれ変わっていくのです。

案件 6

差出人	商品企画部　商品企画課　柿谷 隆一
件　名	日本周遊企画
宛　先	商品企画部　国内商品企画課　杉本課長
CC	
送信日時	20XX 年　11 月　10 日　19：52

杉本さん

お疲れ様です。
柿谷です。

ラックの日本周遊企画造成についての報告です。
ラフプラン作成に入っていますが、大塚さんと他のメンバーとの間で意見がかみあわなくなり、やや進捗が遅れています。

さらに低い値付けをするために、現状のプランに各地の飲食店や土産店に立ち寄る道程を追加して、キックバックの機会を増やしてはどうかとの意見が大塚さんの主張です。

確かに、格安をうりにすることはできるかもしれませんが、当初予定していた旅程は不可能になってしまいます。

大塚さんはベテランで、私たちからはなかなか言いづらいので、どうすればよいのか少し困っています。

以上、よろしくお願いいたします。

案件6　選択肢

A 大塚をプロジェクトの現状の役割から外す。そのかわりに、他のメンバーが困ったことが　あったときの相談役に任命する。

B 進捗が遅れていることは問題だ。柿谷に何とかプロジェクトをまとめて、期限に間に合うように指示を出す。

C プロジェクトメンバーの言い分を自分が代弁して大塚に伝える。

解答記入欄

案件6 解説

第六節　リーダーは名監督たれ

リーダーになると、個人で仕事を進めていくというよりも、何本もプロジェクトを走らせて、部下に仕事を進めてもらうというスタイルに変わっていきます。チームで仕事を進めていくので、自分が一人で仕事を担当していたときよりも、計り知れないくらいに生産性が高く成果を出すことができるようになります。

ただ、いつもうまくプロジェクトが進んでいくかというと、支障が出てとまってしまったり、仕事のスピードが落ちていったりする場合もあります。

それは、どうしてでしょうか？

もしかすると、チームの役割分担に問題があるのかもしれません。

リーダーには、チームで仕事を進めていくにあたって様々な役割があります。

部下に仕事のやり方を教えたり、研修などを受講させるなど教育の場を提供したりする「教師」としての役割、チームの方向性とずれた動きをする部下を引き戻したり、他部署や上司との調整を行う「コーディネーター」の役割、部下の悩みを聴いて解決策を出すことを手助けする「カウンセラー」の役割や部下のやりたいことを引き出す「コーチ」の役割、そして、部下の仕事のよし悪しを評価する「評価者」としての役割などがあげられます。リーダーは時と場合に応じてこれらの役割を演じ分けています。どれか一つだけを演じてもリーダーとしての仕事を果たしているとは言えません。

特に、このケースで必要なのが「監督」としての役割を演じることです。

「監督」とは、部下の役割分担を決めるなど、チーム編成を考える役割のことを言います。監督としていかに役割分担を決めるかで、部下のモチベーションや成長スピード、そしてチーム全体の成果が変わってきます。

「監督」というとスポーツをイメージする方も多いと思いますが、スポーツ界でも選手の役割を変えることで成功した事例はいくらでもあります。私が応援しているあるプロサッカーチームでは、まったく能力を発揮できなかった守備の選手を攻撃の役割にコンバートしたことでみるみるうちに活躍するようになり、チームの躍進に貢献したということもありました。

これは、ビジネスでも同じです。

私の部署は、商品を開発したり、有能なリーダーの行動を研究したりする部署です。私は部下の得意不得意などを見て柔軟に役割分担を変えるようにしています。商品企画が苦手な社員を品質管理する役割に、研究職があっていないと判断したら企画職にというように、今与えている役割でなかなか成果が出にくいのであればすぐに役割を変えることを心掛けています。それが部下のモチベーションアップや成長につながっていくと考えているからです。

そもそも、部下が自発的に動こうとするのは、仕事が楽しいと思うときと、「自分がやらなければ誰もやらないのだ」と責任感を持つときです。そのためには役割分担が大事です。自分にあっていない仕事や役割をいやいやこなすのでは、自分が動かなければという気持ちにはならないことでしょう。だからこそ、あなたがいかに「監督」を演じるかで、部下の動き方は変わってくるのです。

今回のケースでも、「監督」としてベテラン社員の役割を見直すことができていたかがポイントです。

選択肢Bは、役割分担の再考をするなど、「監督」としての役割を演じることができておらず、力技でプロジェクトを推し進めようとしています。

選択肢Cも、自分が若手社員の代理人になっているだけで、主体性という部分は評価できるのですが、リーダーとしての役割という観点で考えたときに課題が残ります。

このケースでの最適解は、選択肢Aです。大塚を現状の役割から相談役に変更しているため、「監督」としての役割を演じていると評価できるからです。

あなたが目指す「暇そうな上司」になるために、名監督のごとく、部下の適材適所を図っていきましょう。

案件 7

差出人	商品企画部　国内商品企画課　金本　敏子
件　名	ご相談事項
宛　先	商品企画部　国内商品企画課　杉本課長
CC	
送信日時	20XX 年　11 月　14 日　15：47

杉本さん、お疲れ様です。

特に、お時間をいただいて相談をすることでもないので、メールで失礼します。

実は、少し気になっていることがございます。
それは、麦田さんの体調が少しよくないのかなということです。うつろな目をしていたり、顔色も何となく悪いように感じます。

若い方々と談笑されているご様子を拝見しておりますので、ひどく体調が悪いということはないのでしょうが、杉本さんから、病院に行ってしっかり診てもらうようにお声がけいただいたほうがよろしいのではないでしょうか。

老婆心ながら、心配しております。

案件7　選択肢

A 金本にお礼を言う。きっと金本の思い過ごしだと思う。少し様子を見てみる。

B 金本に感謝する。体調以外に問題を抱えていないか心配なので、すぐに麦田と面談する。

C 金本にお礼を言う。麦田にはすぐに病院に行くように指示を出す。

解答記入欄

案件7 解説

第七節　部下の小さな変化を見逃すな

リーダーの仕事は問題を解決することだとよく言われます。

この問題解決の精度は、どのような視点で問題をとらえたのかで変わってきます。目の前で発生しているトラブルの本質を見抜いたり、これから起こりうるリスクを察知したり、コンプライアンスの観点で問題がないかを意識してみたり、他にも同じようなことが起きていないかを確かめてみたりと様々な観点で問題をとらえることが大事です。

これらの視点で問題を見つけることは非常に大事ですが、部署内の小さな問題点を見つける視点もリーダーとしては欠かすことができません。

たとえば、オフィス内に汚れがないか、エアコンはしっかり利いて快適か、仕事に必要な事務用品はしっかり整っているかなどを意識することです。

その中で、特に意識してほしいことは、あなたの部下が暗い表情をしていないか、いつもと様子が異なっていないかなど、部下の小さな変化に気づくことです。

部下が自然と動き出すためには、心身ともに生き生きしているかどうか、また職場環境が明るいかどうかで変わってきます。何かに悩んでいては仕事どころではないでしょうし、暗い雰囲気であれば「元気よく仕事に取り組もう」という気分にはなりません。だから、リーダーであるあなたは、部下がいきいきと活躍してもらうために、部下の小さな変化には絶えずアンテナを張り巡らさなければならないのです。

では、どのようにアンテナをはっておけばよいのでしょうか?

私は部下の変化で気を付けるべきポイントを決めて、毎日観察するようにしています。

私にとっての部下への観察ポイントはいくつかありますが、一番意識しているポイントは部下の「目」です。話しているときに視線をずらす、普通に話しているだけなのに目が泳いでいる、伏し目がちになったなどの変化があった場合は、大丈夫かなと意識するようにしています。

「え？　目で変化がわかるの？」という疑問が出てきそうですが、私にはわかります。**部下のあれもこれも変化していないか注意すると大変ですが、観察するポイントを絞り込んで観察していけば、すぐに部下の変化はわかるものです。**

私なりの部下への観察ポイントを紹介してきましたが、これは私と同じ観点で観察してほしいということをお伝えしているわけではありません。大事なことは、身なりが乱れていないか、勤怠に異常がないかなど**あなたが部下の変化を観察するポイントを決めておくということです。**そのポイントが私の場合、「目」ということです。観察するポイントに変化が生じると、あたかも信号が青から赤になるように、「部下に問題が発生しているぞ。行動をおこせ！」と頭の中で警報が鳴るようになるのです。

このように、あなたが決めた観察ポイントに変化があったら、部下のケアをするために必ず行動に移すようにしましょう。**部下がいきいきと活躍できる環境や部下の心身のメンテナンスを図ることこそが、リーダーであるあなたの仕事だからです。**言い換えるならば、自然と動き出したいと部下が思ってくれるようなステージを整えることこそがあなたの役割だといってもよいでしょう。

では、今回の案件で考えてみましょう。

Aは、発生している問題を見過ごしており、何も行動に移すことができていません。

Cは、病院にすぐいくように指示を出せていますが、他にも問題がないかという視点を持てばなおすばらしい選択肢になるでしょう。

Bは、体調以外にも何か問題がないかを考えることができており、面談という解決行動もとれていましたので最適解としました。

部下の小さな変化を見逃さないように、あなたなりの観察ポイントを決めておきましょう。毎日部下を見るなかで、その観察ポイントに変化が生じたときが要注意です。まさに、あなたが部下へケアをしてあげるタイミングなのです。部下がいきいきと活躍できる環境を作っていくためにも、小さな変化にアンテナを張り巡らしておきましょう。

案件 8

差出人	商品企画部　国内商品企画課　大塚　和雄
件名	（大塚）定例会の議事です。
宛先	商品企画部　国内商品企画課　杉本課長
CC	
送信日時	20XX 年　11 月　13 日　18：46

11 月 28 日の定例会ですが、下記の通り実施します。

議事
16：00～　課長より挨拶

16：15～　各方面の担当より業務進捗共有

17：15～　パンフレット記載の各種約款、旅行条件書のチェック

17：45～　12 月配布パンフレットの各営業所への配送計画について

18：00　　終了

変更があれば訂正しておきますが、いかがでしょうか。

案件8　選択肢

A

会議が長すぎるので１時間以内で終了するように指示する。議事の時間配分は出社後検討して、連絡するように伝えておく。

B

「今期の重点商品」について討議する時間を 30 分ほしいと伝える。時間配分は大塚に任せる。障害が生じそうな場合と訂正が完了したら報告をするように指示する。

C

会議が長すぎるので議事を見直すように指示をし、時間配分は大塚に任せる。当日の司会は誰がするのかを教えてもらえるかと連絡をする。

解答記入欄

案件8 解説

第八節　任せ方の基本

私が研修でお話をしていると、受講生から任せ方についての多くのお悩みが寄せられます。

「部下が指示をしても動いてくれない」
「仕事を任せても期待したものとは異なるものがでてくる」

などなど。この悩みの多くは、もしかすると、任せ方の基本がおさえられていないがゆえに起きているのかもしれません。

ここでは、任せ方の基本について考えてみましょう。
信頼関係構築や教育目的で任せるなど、いくつかおさえておきたいことはありますが、基本はたった4つです。この4つをおさえておけば、きっとうまく任せることができるはずです。

1. 方向性を示す

方向性とは、任せた仕事の完了条件や最終のアウトプットなどのゴールや大枠の道筋、あるいは、予算や期限などの制約条件などのことを言います。

たとえば、あなたがタクシーに乗ったとしましょう。運転手さんにどこに向かってほしいのか伝えなければ目的地には到着できません。また、「なるべく運賃はかからないほうがよいな」とか、「とにかく目的地にはやく到着したい」などの希望があれば、目的地を伝えるだけではなく、高速道路で目的地に向かってほしいのか、それとも一般道を使ってほしいのかも伝える必要があるでしょう。目的地を伝えたり、高速道路か一般道を使うのかを指定したりすることが方向性です。この方向性を伝えないと、運転手さんがあなたの希望通りに目的地まで送ってくれることは難しいでしょう。

部下に仕事を任せるときも同じです。あなたが望む成果を部下に出してもらうためには、仕事を任せるときに、「予算○○万円以内で、○○と○○の条件をクリアするように。期限は○月○日までに頼む」などのように方向性を伝えることが大事なのです。

2. 報告を求める

任せるときには、必ず報告を求めるようにしましょう。報告を求めないと部下は思うように動いてくれません。

仕事の完了報告はもちろんのこと、工程完了ごとの進捗報告も必ず求めるようにしましょう。完了報告のみだけだと、完成品があなたの想定とは異なっていても、「今更どうしようもない」という事態に陥ってしまうかもしれないからです。進捗報告を求めておけば、もし異なる方向に進めていたとしても軌道修正ができますし、部下がつまずいていることを察知してクリアすることができます。

さらによいのが、「○月○日までに報告するように」というように、期限を切って報告を求めることです。期限を切らないと、部下は自分のタイミングで仕事をして、あなたがほしいタイミングで報告があがってこないからです。

3. フォローする

部下に仕事を指示したら、そのまま放置しておくという方が非常に多いようです。しかし、それを任せたとは言いません。ここで必要になってくるのが、フォローです。

ただ、フォローといっても、いつも口や手を出すことではありません。フォローをするときにはタイミングを考えなければなりません。

では、どのようなタイミングでフォローをしたらよいのでしょうか？

それは、任せていた仕事が想定以上に大きくなったとき、あるいは、突発的なトラブルが発生したときにフォローします。

フォローの仕方も大事です。あなたが積極的に助けるのではなく、間接的にフォローをするようにします。たとえば、応援人員を派遣してあげたり、追加予算をつけてあげたりという方法です。また、相談役を設置しておいて、「困ったことがあれば○○さんに聞くとよいよ」とフォロー体制を構築してあげるのも一つの手です。

このように、任せたあとにフォローをしてあげることで、任せた仕事がスムーズに進みますし、間接的にフォローをすることで、部下自身でクリアできたと自信がつき、成長やモチベーションアップにつながっていきます。

4. 責任をとる

「部下に仕事を任せたら、その責任は部下のものとなる」

このように考える方もいらっしゃいますが、大きな間違いです。部下がミスをしたとしても、任せたあなたの責任になります。責任をとる姿勢を示して、はじめて部下に仕事を任せたことが成立するのです。

責任には、大きく2種類あります。実行責任と結果責任という考え方です。

実行責任とは部下がとるべき責任です。いくら上司が責任をとってくれるからといって、ミスをした張本人が知らぬ顔ではよくありません。ミスをした原因を究明したり、再発防止策を検討したりすることが、部下がとるべき実行責任です。

一方で、結果責任とは、任せたあなたがとるべき責任です。ミスやそれによって生じた損失など「結果」について責任を負うことです。たとえば、チームのリーダーとして謝罪をしたり、自分自身にペナルティを課したりすることがあてはまります。

「方向性を示す」、「報告を求める」、「フォローする」、「責任をとる」の4つは、部下が動き出したくなる任せ方の基本です。どれか一つでも、任せるときに抜け漏れがあると、「丸投げ」という間違った任せ方になってしまうので、注意をしておきましょう。

では、今回の案件で考えてみましょう。

Aは、「自分が時間配分を考える」という点で当事者意識は素晴らしいのですが、任せるという行動には課題があります。

そして、Cは、「誰が司会をするのか」と質問をしている点は情報収集として評価されます。ただ、「大塚に時間配分を任せる」だけでは、任せるための4つの基本がおさえられておらず、丸投げとなってしまっています。

Bのみが、方向性や報告を求める、フォローする姿勢など、より多く任せるために必要な行動がとられているので、最適解として評価されます。

さぁ、あなたも4つの基本をおさえて任せてみましょう。きっと部下がサクサクと動き出してくれるはずです。

案件 9

差出人	商品企画部　国内商品企画課　長谷川　克也
件名	重点商品企画書の件
宛先	商品企画部　国内商品企画課　杉本課長
CC	
送信日時	20XX 年　11 月　10 日　20：57

課長

長谷川です。

大変言いにくいことなのですが、来週締め切りで、ご指示をいただいておりました重点商品の企画書の提出を少し延期していただけないでしょうか？

来月締め切りの「輪島電鉄でいくレトロ路線の旅」について、パンフレット構成が定まらず難航しており、重点商品の企画書作成になかなか手をつけることが難しい状況となっています。

私自身、物心ついたときから、鉄道が好きで、高校生のときには在来線を乗り継いで、日本一周をしたほどです。
鉄道を通じて本当にいろいろなことを学んできました。
バリュートラベルに入社したのも、旅行会社で勤務すれば私なりに、鉄道に恩返しができるのではないかと考えたからです。

北陸方面の担当になって 1 年、ようやくローカル路線を旅行商品として造成するチャンスをつかみ取ることができました。何としてでもよいものにして多くの方にお申込みいただきたいので、今はレトロ路線の企画に集中したいと思っています。

今後はこのようなことにならないように業務の見直しを図りますので、今回だけ提出の延期をご検討いただけましたら幸いです。

案件9　選択肢

A　部下には希望の仕事に取り組んでもらいたい。重点商品企画書の提出期限延期を許可する。

B　期限通り重点商品企画書を提出するように伝える。提出すれば、レトロ路線のパンフレット作成を進めるように指示をする。

C　決められた仕事ができないことは社会人として許されない。期日通りに重点商品の企画書を提出するように注意する。

解答記入欄

案件9 解説

第九節　仕事のご褒美は仕事

数か月間かけて進めていたプロジェクトがついに終了した！

顧客からの評判も上々だ！

このように大きな仕事が成果として結実したとき、あなたならどのようなご褒美がほしいですか？

「それ相応の金銭的な報酬がほしい」と答える方や、「これまでがんばってきたご褒美にずっと行きたかった旅行に出かけよう」と答える方、あるいは「何かおいしいものを食べよう」と答える方もいると思います。

私なら、絶対に「仕事！」と答えるでしょう。

仕事のご褒美は仕事

この言葉は、今抱えている仕事を完了できたら、新しい仕事や自分がやりたい仕事にありつけるということを意味しています。これは、私の上司で、株式会社インバスケット研究所の鳥原隆志から教えられたものです。私が仕事をするうえで非常に大事にしている言葉の一つでもあります。

私は、今やっている仕事のモチベーションが落ちてきたなというときには、これを完了させたら自分のやりたい仕事ができると自分を奮い立たせるようにしています。

このことは私の部下にも、（しつこく）伝えるようにしています。それは、当社が社員のやりたい仕事が実現できる組織風土だからです。

私の部下の年齢層は幅広いですが、最も多い層は20代の若手部下です。特に、彼ら若手部下は、当社の組織風土に魅力を感じて入社してきており、やりたいことが非常に多い。放っておくと、やりたい仕事にのみ力を入れるようになって、本来やらなければならない仕事が手つかずになってしまいます。

ですから、「仕事のご褒美は仕事」を伝えることが大事なのです。「やるべき仕事を完了させてからやりたい仕事に取り掛かるように」と指導するようにしています。ポイントは、やるべき仕事の精度について一切妥協しないということです。もし手を抜いた仕事を報告してきたらそれを受け取ってはいけません。どこがダメで、どのように改善すべきなのかを指導して、かつその部下がやりたい仕事をとりあげてください。そのときこそが、「仕事のご褒美は仕事」を教えるチャンスとなります。

では、「仕事のご褒美は仕事」を教えることで、どのようなメリットが得られるのでしょうか？

「はやく自分のやりたい仕事に取り掛かりたい」と仕事への意欲を掻き立てますし、今やっている仕事を早く終わらせるにはどうすればよいのか、効果的・効率的に片付けるにはどうすればよいのかと部下が自分で仕事の進め方について考える癖がつくようになります。その結果として仕事のスピードも向上します。

過去、こういうことがありました。

ある若手部下の話です。彼は、子ども向けの教育教材を開発したいという思いを持って入社してきました。前述のように、当社はやりたい仕事を実現できる職場。ですから、日常の決められた仕事をきっちりこなすことを条件に子ども向け教材の企画を任せることにしました。

自分のやりたい仕事は楽しいもの。その仕事に熱中するあまり、他の任せた仕事に遅れやミスが見え始めたのです。

そこで私は、彼を呼び出し、「やるべき仕事をやらないと、子ども向けの教材の企画は任せられない」となかば、やりたい仕事を取り上げるに近い恰好で注意をしました。その後、少しでもやるべき仕事に支障をきたしたら、やりたい仕事である子ども向けの企画がいつまでも任せられないと何度でも伝えるようにしました。

すると、私への反骨心なのか、それともやりたい仕事への渇望なのか、やるべき仕事のスピードも上がりましたし、驚くことに、作成した教材も過去にはない精度の高いものを出してくれたことを覚えています。その結果、彼は今でも子ども向け教材の中心人物として活躍しています。

今回の案件で考えてみましょう。

選択肢Aは、部下にやりたい仕事をやらせたいという上司としての気持ちは評価できますが、「仕事のご褒美は仕事」という指導にはあてはまりません。

選択肢Cは、毅然と自分の意思を伝えている点では評価できますが、部下のやりたい気持ちを尊重するという観点では課題が残ります。

選択肢Bは、やるべき重点商品の企画書提出が期限通りできたら、自分のやりたい仕事に取り掛かるように伝えている点で、「仕事のご褒美は仕事」の観点に立った指導ができているので、最適解としています。

このように、やるべき仕事が完了したら、やりたい仕事に取り掛かれるということを意識して部下指導をするようにしてみましょう。この指導法は、特に、「イマドキ部下」と呼ばれる若手社員には効果的です。若手社員の多くは、以前よりも、報酬や自由な時間というよりも、自分がやりたいことに魅力を感じているからです。だからこそ、「仕事のご褒美は仕事」を教えることが大事なのです。そうすることで、あれやこれやとあなたが指示を出さずとも、部下自身が考えて動き出すようになってくるでしょう。

案件 10

差出人	商品企画部　国内商品企画課　麦田　和香子
件　名	麦田　ご相談があります
宛　先	商品企画部　国内商品企画課　杉本課長
CC	
送信日時	20XX 年　11 月　14 日　15：54

杉本課長

ご相談があります。

どうすればよい企画書を書けるのでしょうか？

課長が加賀観光協会様にお話しをしていただいたおかげで、新規サプライヤーとなる旅館やホテルをご紹介くれそうです。
ただ、代わりに各サプライヤーに企画書を提出しないといけないみたいです。

イベントや観光資源の組み合わせを考えるのは得意なのですが、どれくらい収益が得られるのかを計算することに自信がないのが正直なところです。

前も企画会議で数字のところで何度も却下となってしまい、うまくいくのか不安なんです。

案件10　選択肢

A 収益計算について助言を行い、麦田だけで企画書作成を進めさせる。

B 新規サプライヤーを確実に確保したい。麦田のかわりに自分が企画書を作成する。

C 企画内容は麦田に任せる。収益予測は麦田に教えるために、一緒に作成する。

解答記入欄

案件10 解説

第十節　部下を成長させる任せ方

第八節では、仕事の任せ方の基本について記しました。任せ方には、いくつかの種類がありますが、ここでは、「部分的に任せる」方法をお伝えしていきましょう。

リーダーとして、部下にあれもこれも任せたいという気持ちになるのは理解できます。任される側の部下ももっと仕事を任せてほしいと思っているかもしれません。しかし、部下の能力や経験不足、失敗したあとのリスクが大きい場合は、すべてを任せてしまうと、失敗し仕事の成果はもちろんのこと、部下の成長に持つながりません。場合によっては、失敗してしまうことで大きなショックをうけて、とりかえしのつかないことになってしまうこともあるでしょう。

ですから、若手社員など、まだすべてを任せるにははやいなと思ったら、部分的に任せるようにすることです。

たとえば、あなたが大きな商談をすることになっていたとします。

商談自体をするのは、あなたがしなければなりませんが、これを細かくしていくと、情報収集や資料づくり、会場の確保やセッティング、議事録作成など、あなたでなくともできる作業はいくらでもあります。

これらの細かいパーツを部下に任せることが、部分的に任せるという手法なのです。

部分的に任せることで得られるメリットには、失敗が減ることと、段階を追って仕事を教えることなどが挙げられますが、一番の効果は成功体験を積ませることができるということです。

部下を成長させるためには失敗をさせることが大事です。ただ、それだけではよくありません。失敗のあとに成功があるという体験をさせないと、人はチャレンジをしなくなるからです。

野球をやったことがない人が、いきなり試合をしてもうまくいくわけがありません。練習で打ったり、投げたりの練習をして、成功と失敗を積み重ねて、試合で活躍できるようになるのです。

このように、失敗だけではなく、成功体験を積ませてあげることが大事なのです。**部分的に仕事を任せることで積み重なった小さな成果が自信となり、それが部下の経験値となって成長につながっていくのです。**

では、部分的に任せるにはどうしたらよいか。次の3つを意識しましょう。

1．大きな仕事を細かくする

部分的に任せるためには、あなたが大きな仕事を作業レベルにできるだけ細かくする必要があります。簡単に思う方もいるかもしれませんが、実は、リーダーの中にはこれが苦手な方が多いようです。なぜならば、リーダーは有能であるがゆえに、仕事を細分化しなくとも、感覚で何をするべきか理解しているからです。

そこをグッとこらえて、部下の視点に立ってみましょう。部下がわかるように仕事の手順を書き出してあげてみてください。その手順が部分的に任せるべき業務となります。

2. ゴールの基準を明確にする

どのような条件を満たせば、成功なのかという基準を示してあげることです。これは、評価がしやすいように定量的に示すことがポイントです。たとえば、情報収集を指示したとするならば、「○○についての情報を5項目調べてください」などのように伝えます。

責任を過大に感じ、数字が入ることを嫌がる部下もいますが、実は、これは部下を守るために必要なのです。さきほどの例でいうと、もし商談が失敗してしまった場合でも、任せた仕事の条件をクリアしておけば、その一部を担った部下に責任がいかなくなるからです。

3. 次のステップを意識させる

任せた仕事を完了させれば、次はどのようなステップに進むのか、次はどのような仕事にありつけるのかを意識させることが、部下の仕事の動機づけになります。そのためには、任せる仕事にステップ1、ステップ2、ステップ3など難易度をつけて全員に示すとよいでしょう。板前が一人前になるまでのステップを例としてあげましょう。

ステップ1　調理場の掃除や食器洗い、材料の皮むき
ステップ2　料理の盛り付け
ステップ3　焼き物や揚げ物などの加熱調理
ステップ4　料理の味付け
ステップ5　刺身料理

板前が一人前になるには、大きくこれらの5つのステップをたどっていくそうです。これは職人だけではなく、部下指導でも有効です。実際に、私の部署で行っている商品開発でも、板前と同じように難易度に応じてステップを明確に示しています。そうすることで、自分は今どの位置にいて、どれくらいのステップをふめばすべての仕事を任せてもらえるのかがわかるようになるのです。

では、今回の案件で考えてみましょう。

若手社員である麦田にとっては、ハードルが高そうな業務で、それについてあなたはどのように対応するのかが求められています。

選択肢Aは、すべてを任せる行動をとっていますので、任せ方としては課題が残ります。

選択肢Bは、主体的に企画書作成に取り組んでいるという点で、当事者意識としては評価できますが、部分的に任せるという行動ができておらず、部下を成長させるという観点がヌケモレしています。

選択肢Cは、「企画内容」という部分だけ麦田が担当し、収益予測は一緒に行うという行動がとられています。部分的に任せるだけではなく、一緒に行うことで部下に仕事を教える行動が見られたので最適解としました。

部下を今よりも2倍、3倍に成長させることで、自分で考え自発的に動き出すようになってくるのです。そのために、職場で部分的に任せるという手法を使ってみてください。

案件 11

差出人	管理部　総務課　森山　浩一
件　名	改善依頼
宛　先	商品企画部　国内商品企画課　杉本課長
CC	
送信日時	20XX 年　11 月　17 日　14：39

TO：杉本課長

お疲れ様です。
国内商品企画課の長谷川さんについて一部の方から相談があがっています。

以下、内容をご確認ください。

・フケが出るのは仕方がないが、時折肩についたものは払ってほしい

・体臭がきついので何とかしてほしい

数名の方から同じ改善依頼をいただいております。

以上、ご確認のうえご対応ください。
よろしくお願いします。

案件11　選択肢

A 事実確認後、別室に呼び、その事実と自分が残念だと思っている気持ちを伝える。

B 本人の身体的な特徴に関することなので、あえて伏せておく。

C できるだけ事実をオブラートに包んで改善するように伝える。

解答記入欄

案件11 解説

第十一節　言いにくいことの伝え方

リーダーとして仕事をしていると、部下に言いにくいことを言わなければならない場面に出会います。たとえば、今やっているプロジェクトの中止を伝えたり、悪い評価を伝えたりすることがあてはまります。特に悩むことは、身なりや清潔さなどについて伝える場合です。

どれだけ言いにくいことでも、あなたの意思が部下に明確に伝われば、部下の行動改善につなげられたり、次の仕事へのモチベーション向上にもつなげられたりすることができます。逆に、うまく伝えられないと、その部下のモチベーション低下や自信の失墜につながったり、場合によっては、ハラスメントなどと言われかねない事態に陥ってしまうかもしれません。

あなたは、部下に対して言いにくいことをはっきり伝えることができていますか?

ここで簡単な例題をやってみましょう。

ある日、あなたの部下が髪を明るく染めて出社してきました。これだけの明るい髪の色は会社の服務規程に違反する可能性もあるかもしれません。あなたなら、どのようにこの部下に声をかけますか？　箇条書きで結構ですので、次の空欄に書き出してみてください。

実は、これは私が前職で実際に体験した話です。その人の容姿にかかわることで、しかも異性でしたから、かなり言いにくいと思った記憶が今でも強く残っています。

あなたはどのようなことを書きましたか？

・服務規程違反だから、明日黒髪に戻してくるように！
・社会人としてみっともないと思わないのか？
・会社にそぐわない髪の色をしてきて非常に残念に思っています。

など、いろいろな答えが出てきたのではないでしょうか。

インバスケットでは、どれも間違いとはされないのですが、身なりや容姿にかかわるような言いづらいことを伝えるためには押さえておきたいことがあります。

それは、部下が変わるようにし、部下を変えようとしないことです。

部下自身が変えようと思わないと、指導しても効果がないからです。

では、どのようなことを意識すべきなのでしょうか?

1. 自分が確かめた事実を伝える

まずありのままの事実を伝えることが大事です。そのためには、あなたが事実確認をする必要があります。まわりの声だけを信じて指導をしてしまうと、事実ではない場合、その部下のモチベーション低下やプライドに傷をつけてしまい、あなたにはついてこなくなるからです。

2. はっきりと伝える

「オブラートに包んで傷つけないようにしよう」そういう気持ちになることはよくわかりますが、逆にあいまいに伝わってしまうと、部下のとらえ方次第で意味が変わってしまい、誤解のもとになってしまいます。ポイントは、「言いにくいのですが」、「できたら」などのクッション言葉は使わない、そして、短文で言い切ることを意識することです。

3. アイメッセージで伝える

相手にメッセージを伝える手法には、ユーメッセージとアイメッセージの2種類があります。ユーメッセージは相手を主語にする手法、アイメッセージは、自分を主語にする伝え方で、自分の感情を伝える手法です。たとえば、部下を注意するとき、「君は資料の精度が雑すぎるよ」と伝えるのがユーメッセージ、そして、「もっと資料の精度を高くしてもらえると嬉しいのだが」と伝えるのがアイメッセージです。

ユーメッセージは、あなたの部下に対して評価として受け止められることが多いようです。人間は他者にコントロールされることを非常に嫌います。ですから、この手法であなたの意思を伝えたとしても、「自分で変わろう」ということにつながりにくいのです。ですから、アイメッセージを使うのです。アイメッセージを使って、あなたの感情を伝えれば、部下が受け止めやすくなりますし、自分で変わろうという選択肢を残すことにもつながります。それが、結果として「部下自身で変えようとする」につながっていきます。

4. 配慮する

ここでいう配慮の仕方は2つです。

まずは、大勢の部下に聞かれないようにすることです。たとえば、オフィスで指導したり、伝えたりするのではなくて、別室に呼ぶとか、あるいはオフィス外の場所で面談をするなどが考えられます。

もう一つは、1対1で伝えないということです。必ずだれか一人は同席してもらうようにしましょう。私は他の役職者をつけるようにしています。そうすることで、言った、言わないの争いを防げたり、ハラスメントの誤解を防げたりするからです。

5. 変化をほめる

言いにくいことを伝えたあと、部下の変化が見て取れたら必ずほめるようにしましょう。のちほど、ほめ方については考えていきますが、ほめることは部下を認めることにつながります。ほめることによって、「あなたがしっかり見てくれている」と部下が思うようになれば、その変化を継続させることができます。

では、今回の案件で考えてみましょう。

選択肢Bは、伝えないという行動をとっています。相手を配慮してあえて伏せることも大事かもしれませんが、それでは部下はいつまでたっても改善しないでしょう。

選択肢Cは、部下に伝えてはいますが、オブラートに包んでいます。あいまいに伝えることで、違う意味としてとらえられるリスクが残ってしまいます。

選択肢Aは、事実を伝える、配慮をする、そして、アイメッセージで伝えるという行動がとられていますので、言いにくいことを伝えたり、指導をしたりするという観点に立てば、最適解とすることができます。

あなたの実際の職場でも言いにくいことほど伝えるようにしてみてください。そうすることで、「変わらなければならない」と部下自身に思わせることができ、結果として部下の成長につながっていくことになるのです。

案件 12

差出人	商品企画部　国内商品企画課　西川　純一
件　名	ご報告
宛　先	商品企画部　国内商品企画課　杉本課長
CC	
送信日時	20XX 年　11 月　12 日　11：13

課長

嬉しいご報告があります。

さきほど私も聞いたばかりなのですが、入社して以来はじめて、私が造成した商品の先月取扱額が大台の 3 億円を突破したそうです。

これは、自分がよいと思ったものをつくるというやり方を変えて、重点商品を考慮してラックのラインナップを充実させたことと、旅行トレンドを分析して国内一人旅の企画を充実させた効果のおかげだと思います。

本当にご指導感謝しています。

案件12　選択肢

A 先月取扱額が大台の３億円を突破したことをほめる。

B これで満足せずに、さらに上の目標を目指すように指示をする。

C これまでの商品企画のやり方を変えて、先月取扱額が３億円を突破したことをほめる。

解答記入欄

案件12 解説

第十二節　部下をのばす効果的なほめ方

リーダーには部下をほめることが求められています。

いかにほめるかで、部下のモチベーションや成長速度は変わってきます。しかし、どのようにほめたらよいのかを悩んでいるリーダーは多いものです。ここでは、部下をのばすほめ方について考えていくことにしましょう。

ちゃんと部下をほめるために、タイミングなど様々なことを考えなければいけませんが、おさえておくべき基本はたった一つです。

それは、**プロセスについて具体的にほめることです。結果ではなくて、達成するまでにどのような行動をとったのかをほめてあげるのです。**

たとえば、売上目標120%達成した部下がいたとしましょう。そのとき「目標120%達成すばらしい。よくがんばった」と伝えるのは、ほめ方としては問題があります。

そうではなくて、部下がどのようにがんばったのか、120%達成するためにどのような行動をとったのかをほめてほしいのです。

ホーソン効果という言葉をご存知でしょうか?

これは、まわりの人たちから注目されていると、モチベーションが上がったり、パフォーマンスを向上させたりすることができる作用のことを言います。

普段人間は持っている能力に制限をかけて生活をしているそうです。この制限がはずれるきっかけは、「自分はしっかり見られている」、「自分は認められている」と感じるときです。まさに「具体的なプロセスをほめる」ことがホーソン効果を引き出すのに有効なのです。

人間には元来、まわりから認められたいという承認欲求があります。この欲求を満たしてあげることが能力の発揮、つまり成長につながっていくというわけです。

「インスタ映え」を想定すると、これらのことはわかりやすいと思います。インスタグラムなどのSNSは人間の承認欲求を満たし、ホーソン効果を引き出すツールだと思います。

特に報酬があるわけではないのに、多くの人はインスタグラムに写真を投稿しています。これは、「いいね」を少しでも多くもらいたいからです。これが承認欲求です。そうなると、お金をかけたり、少し背伸びをしてでも、きれいな写真をとりインスタグラムに投稿していくようになります。

部下に対しても同じです。

具体的にほめて、承認欲求を満たしてあげると、部下はどんどん成長していきますし、あなたが部下にやってほしい行動を自然としてくれるようになるのです。

ほめる基本をお伝えしましたが、一歩進んで、ほめ方の選択肢もいくつか紹介します。シーンや部下に応じて、ほめ方も使い分けるとよいでしょう。

1対1でほめることも一つの方法ですが、**全員の前でほめるという選択肢もあります。**全員の前でほめることにより、よりモチベーションの向上につながりますし、他の部下も何をすれば認められるようになるのかを共有することにもつながります。結果として、部下全員の能力の底上げにつながっていくのです。

表彰などのように、**全員の前でほめることを制度化してもよいと思います。**

当社では、サンキューポイント制度というものがあります。まわりの人に助けられたな、ありがたいなということがあれば、当該の人にポイントをプレゼントします。そのポイントがたまっていくと、景品と交換ができる。そして、月に1回、特にすばらしかった行動をした人に対しては社長賞が授与される。そういう制度です。

サンキューポイントをもらった人のモチベーションアップにもつながりますし、それ以外の人もどういう行動をとったらよいのか勉強になっているようです。

次に、**直接ほめるだけではなく、間接的にほめることも効果的です。「○○さんも、君のことをほめていたよ」というようにです。**

こうすることで、ほめる内容の信ぴょう性が増すからです。人によっては、一人だけにほめられても、「本当にそう思っているのかな?」と思う人もいるかもしれません。でも、間接的にほめることで、あなただけではなく、第三者も同じように思ってくれているのだと、客観的な事実として受け止められるようになるのです。

では、今回の案件で考えてみましょう。

選択肢Aは、結果にのみ焦点をあててほめています。これも素晴らしいのですが、プロセスをほめるという行動が入っていればなおよかったでしょう。

選択肢Bも、プロセスをほめることができていません。また、「さらに上を目指す」などあいまいな言葉も使っていますので、ほめ方として問題が残ります。

選択肢Cのみが、「商品企画のやり方を変えた」というプロセスをほめてあげていますので、最適解としました。

さて、あなたもいくつかの方法を使い分けてほめ上手になってみてください。そうなれば、部下の成長スピードはアップして、あなたが指示を出さなくても自然と動き出すようになってくるはずです。

案件 13

差出人	商品企画部　国内商品企画課　柿谷　隆一
件　名	日本周遊企画の差別化
宛　先	商品企画部　国内商品企画課　杉本課長
CC	
送信日時	20XX 年　11 月　14 日　12：04

杉本さん

お疲れ様です。
柿谷です。

ラックの日本周遊企画ですが、結論から申し上げると、他社との差別化についてこれ以上は難しいような気がしています。

確かに、杉本さんのおっしゃる通り、訪問する場所や食事については他社と類似していますが、顧客のニーズは世界遺産などの有名スポットを巡ることにありますので、訪問地は類似していても仕方がないと思います。

ラグジュアリーバスや観光列車を乗り継いで一周すること自体、面白い企画なので十分だと思います。

現企画を改善する必要があるのであれば、以前却下された内容ではありますが、大塚さんもおっしゃっているように、何かしらの対応を行い、現在の設定価格 150 万円から値下げをすれば、収益は減るものの、価格帯での差別化は図れます。

この件について、一度まとまった時間を取って、現在抱えている課題を共有する機会を頂きたいです。

以上、よろしくお願いします。

案件13　選択肢

A

価格面で企画の差別化を図っていくことを了承する。そのうえで、出社後、今後の企画の方向性について打ち合わせを行う。

B

出社後、企画の課題について話し合う約束をする。企画の方向性については、現時点では明言を避ける。

C

任せていた仕事は、企画内容での差別化であったはずだと伝える。そのうえで、出社後、今後の企画の方向性について打ち合わせを行う。

解答記入欄

案件13 解説

第十三節　放牧型マネジメントのすすめ

私のこころがけるマネジメントは、管理をしないことです。極力手を出さずに、部下が自由にのびのびと動けることを心がけています。

「え!?　マネジメントって管理することではないの？」とおどろく方も多いでしょう。

確かに、マネジメントを辞書などで調べてみると「経営」、「管理」、「統率」などの名詞が出てきます。しかし、マネジメントのもとになっているマネージという動詞を調べてみると、「どうにかする」や「うまくする」、「何とかする」などの意味があるということがわかります。

ですから、何とかしてチームの目標を達成させることができれば、必ずしも部下を厳しく管理する必要はないともとらえることもできるのです。

そこで、私は管理をしないマネジメントを選んだのです

マネジメントには、大きく2種類あります。

一つは管理型マネジメントで、部下に事細かに指示を出し、成果を出していこうとするスタイルです。

そして、もう一つが、私が理想としている放牧型マネジメントです。ここ最近、学校教育やビジネスの現場で、放牧型マネジメントの部下指導や教育法を提唱している方々もいらっしゃいます。

放牧とは、檻や囲いなどのない場所で、牛や羊、ヤギなどを飼育することです。そして、飼い主の目の届く範囲から抜け出そうとすると引き戻します。

語弊があるかもしれませんが、私はマネジメントもこの放牧と同じだと思うのです。

マネジメントにおける範囲とは、方針や目的、予算やルールなどのことです。この範囲内であるならば、進め方や手段などは部下の自由にさせます。目的を変えようとしたり、

方針から外れたりなど、範囲から逸脱した場合は引き戻すようにします。

たとえば、あなたが部下に東京から大阪への出張を指示したとしましょう。東京から大阪まで行くことが、この場合の範囲です。あとは、新幹線で行くのか、飛行機なのか、船なのか、バスなのか、自動車で行くのかは部下の自由です。ここでは、口出ししません。もしここで、大阪以外の目的地を目指すのであれば、大阪に行くように軌道修正をしなければなりません。

この放牧型マネジメントを行うと、部下は自分たちで物事を考えるようになるので、手取り足取り教えるよりも成長がはやくなりますし、指示待ち人間になりにくくなります。また、リーダーが口を出さないことが原則なので、部下たちの自由な発想で、あなたが考えつかないようなアイデアが出てきます。そして、自由に発言できる雰囲気が醸成でき、部下同士のコミュニケーションが非常に活発になるということも、放牧型マネジメントを行うメリットです。

放牧型マネジメントのメリットについてお話をしてきましたが、では、部下が範囲から飛び出そうとしたときには、どのように引き戻せばよいのでしょうか？

叱ったり、あなた自身が仕事に入ったりと、部下を範囲内に引き戻す方法はいくつかありますが、大事なことは、たった一つです。

それは、**どこが範囲だったのかをはっきりと伝えることです。**

予定の予算から外れようとしているときは、「予算○○以内は出すことはできませんよ」と伝え、部下の考えが方針から外れていると思ったら、「今の考えは方針から外れたものなので、ダメだよ」などと伝えるのです。

私の経験ですが、プロジェクトチームをつくり、当社を支えていただいたお客様に感謝の言葉をお伝えする動画作成を進めていたことがあります。企画会議では、お客様に登場していただく動画にするということが決まりました。しかし、部下たちが動画を作りこむ際に、お客様に登場していただくには非常に手間がかかるとか、お客様から撮影許可が下りないだろうなど、議論になり、最終的には、当社の従業員が総出演して感謝の言葉を述べる動画にしようと、もともとの前提とは異なる動画に決まりつつありました。

そのとき、私は「お客様に登場していただく動画にすることは一切変えない。お客様が登場してもらうことを前提として考えてほしい」とだけ彼らに伝えました。

そうすると、動画作成の課題をクリアするような素晴らしいアイデアが生まれ、プロジェクトは大きく進んでいきました。もし、あのとき前提とは異なる動画作成を進めていたとしたら、妥協の産物ができ上がっていましたし、他の工程でも妥協が生まれていたかもしれません。

放牧型マネジメントは、部下の自主性を重んじます。だからこそ、範囲から外れようとしている部下に対しては、しっかり引き戻す必要があるのです。

今回の案件で考えてみましょう。

選択肢Aは、部下の考えを聞こうとしている点は非常に素晴らしいのですが、本来の方針とは異なる考えを許容しています。放牧型マネジメントの観点に立てば、範囲から外れた行動は引き戻す必要があります。

選択肢Bは、判断を先延ばしにしていますので、リーダーとしては課題が残ります。

選択肢Cが、範囲から外れていることを明確に伝えているので、今回の案件では最適解としました。


部下成長の最大化、そして、部署内のコミュニケーションの活性化を期待できるのが、放牧型マネジメントです。つまり、放牧型マネジメントを心掛けることで、部下が自然と動き出すようになってくるのです。

案件 14

差出人	商品企画部　国内商品企画課　長谷川　克也
件　名	おすすめの旅 11 月号
宛　先	商品企画部　国内商品企画課　杉本課長
CC	
送信日時	20XX 年　11 月　14 日　9：52

課長

長谷川です。

大変言いにくいことなのですが、「おすすめの旅」11 月号で誤植を出してしまいました。

京都龍明閣宿泊 3 日間プランで、89,000 円と記載のところを 8,900 円と間違っており、ホームページにお詫びの掲載と、各支店にパンフレット廃棄の連絡はしておりますので、一旦事なきを得ている状況となっています。

原因といたしましては、入稿 2 時間前に電話で連絡したデザイン会社に価格修正依頼が正しく伝わっていなかったことだと思います。

余裕を持ってスケジュールを組むように繰り返しご指導いただいたにもかかわらず、このような事態をまた引き起こしてしまったことお詫び申し上げます。

再度自らの業務を見直し、二度とこのようなことが無きよう努めて参ります。

このたびは大変申し訳ございませんでした。

（関係各所に謝罪や今後の対応について連絡をしたという前提で、帰社後、あなたは長谷川にどのように対応をするのかを考えてみましょう）

案件14　選択肢

A 顧客に迷惑をかけたこと、再度スケジュールの組み方に問題があったことについて叱る。

B ミスを繰り返す原因は、仕事への気持ちがたるんでいることにあると指導する。

C 何度指導しても変わらないのであれば仕方がない。長谷川に期待するのをやめる。

解答記入欄

案件14 解説

第十四節　部下を育成する叱り方

自然と動き出す部下になるよう育成していくには「叱る」ことは欠かすことはできません。しかし、叱ることに苦手意識を持っている方が多いのも事実です。その理由は、叱って部下から嫌われたらどうしようとか、雰囲気が悪くなったらどうしようとか、あるいは仕事のモチベーションを必要以上に下げてしまったらどうしようなどと考えてしまうからです。

でも、チームを危険にさらしたり、チームの目標達成に障害を与える行動をしてしまったりしたら、同じようなことをしないように、そして部下の成長のために叱らなければなりません。しかも、叱ることは、リーダーの役割でもあります。

そこで、この章では「叱る」について考えてみます。

まず、「叱る」とはどういう行動なのでしょうか?

そのために、「怒る」と「叱る」の違いを理解しておかなければなりません。自分は部下をしっかり叱っていると思っている方でも、実は、ただ怒っているという方が非常に多いのが現実です。

「怒る」とは、自分の感情をむき出しにした行動です。これは、部下の行動を改めようとか、反省を促そうといった目的ではなくて、自分が抱いている腹立たしい感情を収めるために行う行動が「怒る」なのです。

一方で、「叱る」とは、部下が再び問題行動を起こさないように反省をさせたり、部下育成をしたりするために行うものです。

つまり、「怒る」は自分のために行い、「叱る」は部下のために行うことなのです。

適切に叱れば、誤った認識を持って取り返しのつかない行動をとることを防げたり、部下の成長につながったりしますが、逆に叱り方を間違えてしまうと、逆恨みやハラスメントと訴えられたりして育成とはまったく逆の効果になってしまいます。

では、どのように叱ればよいのでしょうか？

叱り方の基本３原則はおさえておきましょう。

1. やってしまった行動を叱る

「お前は何をやっているんだ!!」などとあいまいに叱ってもあまり意味がありません。大事なことは、部下が犯してしまった行動を具体的に叱ることです。どこがどう悪かったのかを指摘しないと、部下はどのように行動を改善すればよいのかがわからないからです。ですから、「お客様に誤解を招く○○という発言は今後やめよう」などと具体的な行動を指摘して叱る必要があるのです。もちろん、この具体的な行動は事実でなければならないのは言うまでもありません。

2. レッテルを貼らない

部下が犯してしまった行動を叱ることを理解すればわかると思いますが、部下にレッテルを貼らないようにしましょう。たとえば、「だからお前はダメなんだ」とか「どうしてそんなに仕事ができないの?」などと人格を否定したり、あるいは、「前も同じようなことをしたよね?」など過去のことを掘り返したりすることです。あとは、「これだから、ゆとり世代は困るんだ」などもレッテル貼りの一つです。これらは何がよくないのかを示していないので、部下の行動改善にもつながっていかないですし、反省を促すことにもつながっていきません。場合によっては、ハラスメントだと叫ばれるリスクを持っている行動がレッテル貼りなのです。

3. 他者と比較しない

最後に他者と比較しないということです。「同期のAさんはできているのに、君はどうしてできないの?」などが、他者と比較して叱るよくない例です。人間は他者と比較されると、妬みや恨みなどの感情を持ってしまうものです。そうなると、部下同士のコミュニケーションがギクシャクしてしまったり、部署内の雰囲気が悪くなったりとよいことは一つもありません。そもそも部下をよい方向に導くことが叱る目的です。しっかりとどこが悪いのかを示さないと、目的は果たせません。叱る側は、よい行動をとっている部下を参考にしてほしいと思って比較するのかもしれませんが、それはただの怠慢だと私は思うのです。

これら3原則を前提に、叱り方の選択肢をいくつか持っておくようにしましょう。

というのも、叱咤をして反省をする部下もいれば、必要以上に落ち込んでしまい、育成とは逆効果になる場合もあります。優しく諭すように叱ることで行動を改める部下もいれば、自分が叱られていることに気づかないような部下もいるかもしれません。

ですから、**叱り方の選択肢をいくつか持っておいて、部下の特徴に応じて使い分ける必要があるのです。**

・叱咤する

怒っている様子を演出して、大声で叱りつけることです。あくまで怒っている様子を演出するだけで、部下育成のために叱っているということは忘れてはいけません。

・質問する

「どうして○○のようなことをしたの?」、「なぜ呼ばれたかわかる?」などと質問をして叱る方法です。質問をすることによって、部下自身に何がよくなかったのかを考えさせ、自省を促すことができます。

・助言する

「もっとこうしたらよかったのではない?」などと改善点を助言して叱る方法です。部下の行動が改善して、成長していけば叱る目的は達成できるので、必ずしも叱咤したりしなくてもよいのです。

・落ち込む

頭を抱え込んだり、ため息をついたり、「やってしまったか」などと落ち込む姿を見せることです。そうすることで、部下は自分の責任で、あなたにネガティブな感情を与えてしまったと反省をし、行動が改善していく効果が期待できます。

・**沈黙する**

部下を呼び、あえて何も言わずに黙っておきます。そうすることで、部下自身はあれやこれやと何が悪かったのか思いを巡らすはずです。これで、叱る目的は達成できています。きっと、そのあと、部下は自分の口で「○○の件ですよね？　もう二度としないようにします。すみません」などと反省の弁を述べてくれるはずです。

・**間接的に叱る**

問題行動を起こした部下が不在中に、「○○、どこいった!?」などのように叱咤するようにします。そうすると、人づてで叱ろうとしていることが伝わり、あなたのところにやってくるはずです。もうその時点で反省をしているのです。

あとは、本人を叱らずに、指導をしている先輩社員を叱るというのも一つの手段です。自分の責任で先輩が叱られると反省をして、同じようなことはしないようにしようと思うはずです。

これらの選択肢を持っておき、その部下にとって一番効果的な叱り方をするようにしましょう。

どの叱り方を選ぶのかは、部下の特徴を普段から観察したり、あとは実際にいくつかの叱り方を試してみて一番効果的なものは何かを探ったりするしかありません。つまり、部下に関心を持っておくことが、叱るときにも必要だということなのです。

以上をふまえて、今回の案件で考えてみましょう。

選択肢Bは、あいまいに叱っています。具体的にどのような行動を改善すべきなのかを指摘できていないので、叱り方としては課題が残ります。

選択肢Cは、そもそも叱ることをあきらめてしまっています。これでは、部下育成という大きな目的を果たすことができません。

選択肢Aは、どこがよくなくて、改善するべきなのか、具体的な行動を指摘して叱っているので、最適解としました。

叱ることに憶病にならないでください。

適切な叱り方をおさえておけば、ハラスメントなどと言われることはないでしょうし、何より今以上に部下が成長していきます。その成長が理想の上司像「暇そうな上司」になることにつながっていくのです。

案件 15

差出人	商品企画部　森島部長
件　名	重点取り組みについて
宛　先	商品企画部　国内商品企画課　杉本課長
CC	
送信日時	20XX 年　11 月　14 日　14：07

杉本さん

さきほど、今期方針の徹底についてメールをしましたが、特に国内商品企画の進捗状況は深刻だととらえています。

今、各方面のパンフレットを改めて確認していますが、今期の重点取り組みとして設定したシニア向けのコースがどれなのかまったくわかりません。

各担当に方針が浸透していないような印象を受けました。
少し杉本さんの管理が甘いようです。

あわせて、当社のオリジナリティがあるプランはどれなのでしょうか？
このままで他社との差別化が図れるのか正直不安です。

国内商品企画の残業時間が増えて経費が増えているにもかかわらず、魅力的なプランが造成できていない現状について、課長としてどのように考えていますか？

今度面談をさせてください。

（この案件に関しては、森島部長に対してお詫びをした前提で、部下に対して帰社後どのような行動をとるのかを回答してみましょう）

案件15　選択肢

A　会議をひらき、部長からの指摘内容と自分の悩みを部下に共有する。そのうえで、重点商品造成の改善策について話し合う。

B　会議を開いて、方針に準じた商品造成ができていないことを叱る。

C　今一度、部下全員に今期方針の再通達を行い、商品造成の改善策について話し合う。

解答記入欄

案件15 解説

第十五節　失敗体験共有の絶大な効果

今回の案件のように、仕事が思うようにいかないときは往々にしてあるものです。それは、部下の能力の引き出し方やまとめ方に課題があるからかもしれません。リーダーの仕事とは、部下全員の能力を最大限に引き出し、チーム全体の目標達成を図ることだからです。

チームのまとめ方や部下指導については、これまでお話してきた通りですが、特に、絶対欠かすことができない行動があります。

それは、**自分の失敗体験や悩みを部下にどんどん話すこと**です。

先日、テレビを見ていると、『しくじり先生』という番組が放送されていました。芸能人が、先生として登場し、生徒に自分がこれまでやってしまった失敗などの「しくじり」

を授業するという内容です。この「しくじり」から、私たちが同じようなことにならないように教訓を学ぶことが、番組のコンセプトです。

私自身、非常に興味深いなと思いました。リーダーの仕事も、この「しくじり先生」と同じだと考えたからです。

多くのリーダーは、過去の栄光や仕事上でうまくいったことなど成功体験を部下に話す方が多いようです。確かに、成功体験を共有することは、部下からの尊敬の念を集めるためには大事なことですが、それだけでは部下指導を行う上では不十分です。

成功体験に加えて、自分の「しくじり」、つまり悩みや失敗体験を共有することが大事です。**失敗体験を共有することで、部下にとっての教訓になることはもちろんですが、何より、部下をまとめたり、成長させたりするためには欠かせない「心理的安全性」の確保ができるようになります。**「心理的安全性」とは、第三章三節でお話した通り、誰もが安心して気兼ねなく発言ができ、心をさらけ出せる場所や雰囲気のことを言います。

失敗体験を共有して、「心理的安全性」が確保できると、どのような効果が得られるのか、もう少し具体的に見ていきましょう。

まず、**部下にあなたへの親近感を抱かせることができるようになります。**

あなたはリーダーですから、プレイヤーのときに非常に有能で、大きな成果を上げてきたのだと思います。きっと部下もあなたのことをそう思っていることでしょう。だからこそ、多くのリーダーは困ったことがあっても、何とか自分ががんばらないといけないと思ってしまうのです。

それは大きな間違いです。リーダーの仕事は、あなた一人ががんばっても達成できないような大きなものばかりです。だからこそ、部下に助けてもらったり、動いてもらったりしないといけないのです。

失敗体験の共有には、部下があなたに協力をしようとか、助けてあげなくてはいけないと思わせる効果があります。失敗体験や悩みを共有すれば、「ああ、この人も自分たちと同じような悩みを持っているのだ」と、部下に親近感を持ってもらうことにつながるわけです。最終的には、「この人を助けないと！」や「何とかしてあげたい」などと思ってもらえるようになっていくことでしょう。

次に**部下に対して安心感を与えることも、失敗体験共有の大きな効果の一つです。**

あなたが失敗体験を部下に話すことで、ここではどのようなことを発言しても否定されないのだと部下が安心して発言できるようになります。

私が研修に登壇しているときも同じようなことをしています。あえて、自分の失敗や悩みを受講生に伝えるのです。そうすると、飾らない本当の自分の考えを発表してもらえるようになります。いわば、講師が失敗を受講生と共有することで、発言内容のハードルを下げ、自分のことをさらけ出しやすい環境にできるのです。

これは部下も同じです。あなたの失敗体験を部下に伝えることで、部下が自身のことをさらけだしたり、包み隠さず自分の考えをチーム内で話せたりする環境を作り出すことができます。そうすれば、否定されたりする恐れがなくなるので、部下が主体的に行動をしたり、新しいアイデアを出したりすることにつながっていくのです。

そして、最後に**チャレンジしやすい環境をつくれるという効果が失敗体験共有にはあります。**

1：2：7

この比率は、人が成長するために必要な要素の割合を表したものです。

全体の1割は、研修受講や自己啓発で学ぶこと、2割は上司や先輩から仕事を教えてもらうこと、つまりOJTなどからの学びが成長につながっていきます。

実は、人が成長する要素の7割は「経験」から生まれます。特に、失敗体験は人を成長させるために大きな役割を果たします。

でも、誰しも失敗は嫌で怖いものです。この状況が続くと、部下は失敗を恐れるがあまり、チャレンジをしなくなったり、指示待ちとなってしまい自分で判断をしなくなってしまいます。

この、失敗は怖い、失敗してはいけないのだという考えから部下を解放することが大事です。その方法が、失敗の共有です。リーダーが率先して、自分の悩みや失敗を話してあげると、部下はここでは失敗をしても許容されるのだと思うに至ります。結果として、部下自身で考え、チャレンジしていく、つまり、指示を出さなくても部下は自然と動き出すようになるのです。

では、案件15で考えていきましょう。

選択肢Bは、会議を活用してまわりを巻き込むことはできているのですが、部下を叱るだけで、自分がリーダーとしてどのようにしていこうという行動がヌケモレしているので課題が残ります。

選択肢Cは、方針を伝達して部下に方向付けをし、さらに自分が主体的にかかわっていこうとしている行動は評価されます。

選択肢Aは、選択肢Cの行動に、さらに自分の悩みの共有をしている行動がとられているので、最適解としました。

あなたもどんどん自分の失敗体験や悩みを部下に話してみてください。部下は積極的にチャレンジをし、その繰り返しでどんどん成長していくはずです。

案件 16

差出人	お客様相談室　玉田　稔
件　名	クレームメール転送
宛　先	商品企画部　国内商品企画課　杉本課長
CC	
送信日時	20XX 年　11 月　16 日　11：43

お疲れ様です。
今回は九州旅行でしたが、各方面で同じようなクレームが頻発しています。
早急に改善願います。

****************************（元メール）*********************************

差出人	System
件　名	お問い合わせ受け付けました
宛　先	お客様相談室
CC	
送信日時	20XX 年　11 月　15 日　22：26

先日御社のツアーに参加しました。
その旅行は湯布院の温泉と夕食に関サバ、関アジを堪能するといった内容でパンフレットにはそのサバとアジの豪華な写真が載っていました。

楽しみにしていた食事ですが、
実際は写真とは程遠く、ものすごくショボかったです。
あきれて笑うしかないほどでした。
サバのお刺身３切れアジの叩きが少々です。
写真はイメージと記されていましたが、あまりにひどいです。

まるで詐欺にあったような気がして腹が立ちました。

案件16　選択肢

A 九州方面の担当と共有して、問題解決を進めるように指示をする。

B お客様に謝罪を行う。部署全員に事例を共有して、再発防止策を検討するように指示をする。

C お客様に謝罪を行い、事例を全員に共有する。そもそも自分たちが提供しているサービスを管理できていないのではないかと考え事実確認をする。

解答記入欄

案件16 解説

第十六節　部下指導に必要な当事者意識

「リーダーとして素晴らしいなぁ」とか、「見習いたいなぁ」などと思わせてくれる方とよく出会います。特に、当事者意識を持った方に対して、そう思います。

このようなことがありました。

当社に新しいシステムを導入しようとしていたときの話です。あるシステム会社と話を詰めて、最終的に社内の予算取りを行うための重要な資料をもらうことになっていました。ところが、約束の期日になっても連絡がない。

その提案をもとに、社内会議でプレゼンをして、予算取りをしようとしていた私や部下にとっては計画に障害がでたことで、非常に腹立たしい思いをし、すぐに先方に激しく抗議の連絡を入れました。

するとすぐさま、その担当のかわりに上司の方が当社まで飛んできました。彼は、しっかりと謝罪をするとともに、私たちの納得のいく、いやそれ以上の提案をしてくれました。

提案内容はもとより、その方の上司としてのすがすがしいまでの謝罪の仕方に逆に好感を持ちましたし、以降同じようなことは起きていません。その会社とは、今でも、非常によいお付き合いを続けています。

部下のかわりに自分が行動を起こすこと、これがまさに当事者意識なのです。

当事者意識とは、自分の役割を把握して、主体的に判断をしたり、問題解決を行ったりする能力のことです。簡単にいうと、どのようなことでも自分事として受け止めて、考えたり、行動したりすることです。

たとえば、自分が住んでいる場所とは離れた地域で災害が発生したとテレビで知ったとしましょう。そのときに、「自分にできることは何かないのだろうか？」と考えることが当事者意識です。

ところが、当事者意識を発揮しきれていないリーダーは多くいるようです。部下に仕事を任せながら業務を進めるがあまり、「これは部下の仕事だ」と言わんばかりに無関心になってしまうのです。

部下の立場になって考えたときに、当事者意識のない上司が指示を出したとしても気持ちよく実行にうつそうという気にはなかなかなりにくいはずです。「この上司のために動こう」と自然と動き出すこともありえません。そもそも、**あなたの部署で進めている仕事や発生する問題は、どのような小さいものでもリーダーであるあなたの仕事です。**ただ、あなたの仕事を部下に任せて進めてもらっているだけなのです。

主体的に行動をすることが当事者意識なのですが、誤解をしてほしくないことは、あれもこれも自分がやろうと抱えこむことではありません。自分の役割に求められていることに主体性を持つことが本当の当事者意識です。

では、当事者意識を持つにはどうすればよいのでしょうか？

まずは、どんな小さいことであれ、部署内でどのような仕事が進んでいるのかを知ること、関心を持つことです。具体的には、進んでいる仕事に対して進捗を確認したり、結果を確認したりすることなどがあげられます。そうすれば、部下が困っていることに対して手を差し伸べることもできます。見るだけ、関心を持つだけで、部下は「しっかり見てくれている」と安心して業務を進められ、信頼関係も強くすることができるのです。

次に責任をとることです。

責任をとるとは、部下が犯してしまったミスであっても、自分のチームで起こったこととして、謝罪を行ったり、クレームの矢面にたったり、自分にペナルティを課したりすることです。

最後に、チーム内で発生した問題の解決については主体的にかかわり、判断していくことです。

ここで「問題」について考えてみましょう。

問題には、大きく表面的な問題と本質的な問題の2種類があります。表面的な問題とは、今発生している問題のことです。たとえば、クレームや売上悪化、部署内の不和などです。そして、本質的な問題とは、表面上で起きていることの背景や根っこにある問題です。仕組みや教育、組織風土などの問題が挙げられます。

表面的な問題を解決することも大事ですが、リーダーとして最も力を入れるべきことは本質的な問題の解決です。これを解決することで抜本的な改善や再発防止を図ることができます。トラブルなどの問題は発生すると、部署内の雰囲気も悪くなりますし、部下のモチベーションも下がります。このような状況では部下が自分で考え動き出そうという気にもならないことでしょう。トラブルが起きないように本質的な問題を解決することがリーダーに求められていることなのです。

では、今回の案件で考えてみましょう。

選択肢Aは、部下に解決行動を任せているものの、リーダーとしての主体性が見られないので、当事者意識としては課題が残ります。

選択肢Bは、謝罪をすることで当事者意識を発揮できており、かつ再発防止を部下に指示している点も評価できますが、さらに何が本質的な問題かを発見する視点があればなおすばらしいです。

選択肢Cは、謝罪をするとともに、サービスの管理体制に本質的な問題を発見して解決に向けて行動にうつしていますので最適解としました。

リーダーとしての当事者意識を持つこと、それが、「この上司のために動こう」という部下の気持ちにつながっていくのです。

案件 17

差出人	商品企画部　国内商品企画課　金本　敏子
件　名	旅行代金表作成
宛　先	商品企画部　国内商品企画課　杉本課長
CC	
送信日時	20XX 年　11 月　14 日　21：02

杉本さん、お疲れ様です。


明日より 5 日間、金本は所用のためお休みをいただくことになっておりますが、11 月 20 日分の残業申請をいたします。

（19 日までは家庭の事情でどうしても出勤することはできません）

理由は各方面の旅行代金表の作成のためです。

現在、この作業は私にしか難しいようなので、残業しなければ間に合いません。
0 時をまわらないようにはいたします。

恐れ入りますが、よろしくお願いいたします。

案件17　選択肢

A　１時間以上の残業は認めない。各方面担当が旅行代金表作成を行うよう指示する。

B　各方面担当で旅行代金表の作成ができないか確認をしてから残業を認めるかどうか判断をする。

C　できるところまで金本に旅行代金表を進めさせて、あとは各方面担当で対応できないか検討させる。

解答記入欄

案件17解説

第十七節　リーダーの仕事は判断をすること

自然と部下が動き出すようにするには、「この人のために何とかしたい」と部下に思ってもらうようにしなければなりません。そのためには、あなたと部下との信頼関係をいかに築いていくのかがポイントとなります。

では、どのように部下との信頼関係を築いていけばよいのでしょう?

それは、明確に判断をすること。そして、判断から逃げないことです。

リーダーの仕事は判断業だと言われています。

つまり、リーダーのよし悪しは判断ができるかどうか、どのように判断をしているのかで決まるのです。上司からしっかりとリーダーとしての仕事をしているのかが評価されるのはもちろんのこと、部下からも自分たちがついていくに足る上司なのか評価されていると言ってもよいでしょう。

私は、これまで多くのリーダーを見てきましたが、部下がなかなかついてこないと悩んでいる方は、判断をすることが苦手な方に多いように思います。私が一緒に仕事をしてきた仲間の中でも、判断を避けるがあまり、部下とうまく信頼関係が築けずに、チームがまとまらないという現場も目撃してきました。

判断は、あたかも貯金のようなものです。**リーダーは判断を積み重ねていけば、部下からの信頼が貯金のように増えていきます。**逆に、判断を避けると、部下との信頼貯金はたまっていきません。しかも、厄介なことは、判断をしないと、場合によっては、この貯金は減っていくことすらあることです。

このように、部下と良好な関係を築いて、「この上司のために動こう！」と思ってもらうためには、どれほど怖くても、リスクがあっても、リーダーは判断をする必要があるのです。

そこで、判断の技術をご紹介しておきましょう。

実は、判断はそれほど高度なことではありません。最低でも2つの技術を知っておけば大丈夫です。

まずは、判断の選択肢をいくつか持っておくことです。判断が苦手な方には特徴があります。それは、判断には「イエス」か「ノー」か、あるいは「やる」か「やらない」かなどの二者択一しかないと思い込んでいる方です。どちらか二つの中から選ばないといけないと思うから、失敗したときの不安を考えてしまうのです。

実は、**判断には7つの選択肢があります。これらの選択肢を自分の中に持っておくだけで、判断の精度は向上しますし、スムーズにできるようになってきます。これら7つの判断を紹介していきましょう。**

1．了承

2. 拒否

最もオーソドックスな判断の選択肢です。「受け入れる」か「受け入れない」、「やる」か「やらない」、あるいは、「イエス」か「ノー」という判断です。

3. 保留

今は判断しないという判断です。判断の期限が定まっていない場合、詳細な情報を集めてからのほうが精度高く判断できると考えた場合に使います。ですから、「保留」は情報収集とセットになって判断として成り立ちます。情報収集がなければ、「判断先延ばし」になってしまうので注意しましょう。

4. 延期

仕事の期限が定まっているときに使います。たとえば、「本日期限の仕事を1週間後にのばす」という判断です。ここで注意してほしいのは、延期が不可の場合の対応策も考えておくということです。

5. 条件付き承認

その名前のとおり、条件をつけて承認をしてあげることです。たとえば、部下からあなたが持っている決裁金額以上の備品購入の申し出があった場合、「3万円までなら購入してもよい」と判断することです。情報が少ない中で、今すぐ判断を求められる場合に「条件付き承認」を使うとよいでしょう。ちなみに、条件は数字などの定量的なものであることがポイントです。

6. 一任

部下に判断を任せるという選択肢です。あなたがすべての仕事の判断をする必要はありません。部下が判断できるものは任せてしまえばよいのです。あなたしかできないことを判断するようにしましょう。

7. 無視

判断をしないという選択肢です。判断をしなくても影響がなかったり、リスクが小さかったりするものであれば、判断をしないという選択肢を使います。本当にあなたが判断をしなければならないものに注力するためにも、時には「無視」という選択肢も必要なのです。

判断を求められたときに、これら7つの選択肢のどれを使えば適切なのかを考えると、判断のスピードも速くなりますし、判断の精度が向上していきます。

判断の選択肢についてお話をしてきましたが、**判断にはもう一つ押さえておいてほしいポイントがあります。それは、明確に判断をするということです。**どれだけすばらしい判断をしても、相手に伝わらないようでは意味がありません。

ですから、あいまいな言葉を使用しない、クッション言葉などの余分なものは付け加えない、オブラートに包まないなどが必要です。つまり、自分の判断を短い言葉で言い切ることが大事なのです。

さて、今回の案件を振り返ってみましょう。

選択肢Cは、残業を認めるのか、認めないのかどちらでもとれるので、判断に明確さがなく課題が残ります。

選択肢Ｂは、情報収集をして「保留」という判断ができています。改めて第二章第三節のあなたの置かれた状況を確認すると現在は11月19日であり、27日までは出社することができない状況です。20日に不在となることを考えると残業申請についての判断は今行うことが求められます。ですから、「保留」ではタイミングを逸した判断になってしまいます。

選択肢Ａのみが、今求められている判断を行い、さらに明確さもありますので、最適解としました。

今お伝えした技術を意識して判断をしてみてください。きっと判断がしやすくなっていくはずです。リーダーの仕事は判断業ですから、どんどん判断をしていき、部下からの信頼貯金を積み上げていきましょう。

案件 18

差出人	商品企画部　海外商品企画課　岸課長
件　名	先日の資料ありがとうございます
宛　先	商品企画部　国内商品企画課　杉本課長
CC	
送信日時	20XX 年　11 月　13 日　9：54

杉本さん

毎日の激務お疲れ様です。

岸です。

先日の資料ありがとうございました。おかげでシニア向け商品として、今ブームになっている終活をテーマとした企画を立てることができました。


しかし、ここ最近、積極採用を進めているとはいえ、社員の半数以上は20 代というのは、昔からいた我々にしてはなかなか戸惑いが多いですね。

課長としては若手社員とベテラン社員とのコミュニケーションをいかに図っていけばいいのか悩むところです。

私なんかは、数か月前から SNS を活用してチャット形式で意見交換をできるようにしたところ、少しずつですが、社員間のギクシャクは緩和してきたように思います。

案件18　選択肢

A 情報に感謝する。今後の部署運営の参考にさせてもらう。

B お礼をする。SNS 活用について詳細を聞く。自部署でも実施するために部下にも情報共有をしておく。

C 情報についてお礼を伝える。ただ、自部署内のコミュニケーションは正常なので特に何もしない。

解答記入欄

案件18解説

第十八節　部下育成のためにはとにかく真似よ

部下が自発的に動き出すためには、チームの制度や環境を整えていく必要があります。そのために、ゼロベースで新たな取り組みをしていく方法もありますが、断然おすすめなのが、「真似る」ことです。

私は部下が働きやすくて、活躍できる環境にするためにとにかく真似ることを心掛けています。上司がこれまで実施してきたこと、他部署で成功した事例、他の企業で導入している取り組み、研修や書籍などで学んだことなど、「これは使える！」と思ったことは、とにかく自分のチームに取り入れてきました。

たとえば、私がある研修を受けて実施した取り組みがあります。

その研修で私は、部下のモチベーションをあげて活躍してもらうためには、どのような声かけをしたらよいのか、逆にどのようなことを言われたら嫌なのかを把握しておくことの大事さを学びました。そのために、ホワイトボードなどに部下にとってうれしい発言、嫌な発言を自由に書き込んでもらうといいという方法を聞いてきたのです。

早速、私はその方法を自分のチームで試してみました。研修で学んだホワイトボードの書き方は少し異なるのですが、次のような表をホワイトボードに書き、「本日中に私から言われてうれしかった言葉、この発言はやめてほしい言葉を書き出しておいてください」と部下に依頼しました。

うれしい言葉
すごいね！　いてくれてよかった
最近がんばっているね
ぜひ君に任せたい
一緒に考えていこう
・ ・ ・

やめてほしい言葉
ありえない。それは三流だ
意味がわからない
それは難しい
察してほしい
・ ・ ・

ほかにも耳が痛い言葉が並びましたが、私自身このホワイトボードに書かれた内容から学び行動を変えました。言われたら「うれしい言葉」を使って仕事を任せたり、ほめたりすることで、これまで指示待ちが多かったある部下は自分で考えて動き出すようになったという効果がありました。また、「やめてほしい言葉」を書いてもらうことで、どのようなことでも発言してよいのだという自由な雰囲気を醸成することにもつながったと考えています。

また、他社のやり方を真似て成功した事例も紹介しておきましょう。

私が属している会社でも、自宅勤務を進めることになり、各部署でいかに社員を管理していくのか私が決めたことがあります。いろいろな企業の事例を調べたところ、他の企業のやり方で、「1日のうちにここまでタスクを進めるように」とか、「1日○人のお客様にアプローチするように」など部下自身に目標を立てて申告してもらい、それができたかどうかを仕事の評価として見ていく方法で社員管理に成功している事例を知りました。

私の部署でもまったく同じ方法を導入してみました。オフィスで勤務しているときよりも、在宅勤務をしているほうが、生産性は確実にあがりました。人によっては、目標よりも2倍以上のスピードで仕事を進める部下もいたくらいです。

ここで伝えたいことは、今紹介したことをあなたの部署でも試してくださいということではありません。**あなたがよいなと思ったものは、とにかく「真似て」、チームに取り入れていってほしいということです。**

ビジネスの世界でも、「真似る」ことで大きな成功を収めた企業はいくらでもあります。たとえば、松下電器創業者の松下幸之助は他社が開発した技術や商品を真似して製品を製造していたことは有名な話です。「マネシタ電器」と揶揄されながらも、結果として、その当時の世界的な大企業へと成長させたのです。そのほかにも、マクドナルドやセブン-イレブンもアメリカのビジネススタイルをそのまま真似て日本に輸入した結果、今の成功につながっていると言えるでしょう。

ここまで「真似る」ことの絶大な効果についてお話をしてきましたが、「あれもこれも真似てうまくいくの?」と疑問に思う方もきっといることでしょう。

私自身、いろいろなものを真似てきましたが、うまくいかなかった取り組みもたくさんありました。いや、うまくいかない場合のほうが多かったと思います。

私が心がけていることは、とにかく真似る。でも、うまくいかなかったとき（最初はうまくいっても途中でうまくいかなくなった場合）はあるタイミングですっぱりやめてしまうことです。

そのタイミングとは、3か月です。

私の経験則ですが、**チームの仕組みづくりや新しい制度、教育などの取り組みは、3か月やってみてはじめて効果が見える場合がほとんどだからです。**2〜3週間真似てみても効果がでないからと、あきらめてしまうのは実にもったいないと思います。逆にいえば、3か月で効果が出ない場合は、真似をしていることがあなたのチームに合っていないやり方かもしれませんので、やめてしまってもよいでしょう（3か月程度ならやめたとしても影響は小さくてすみます）。ちょうど、3か月が継続するか、やめるかの目安になります。

では、今回の案件で考えてみましょう。

選択肢Aは、お礼を伝え、かつ、「参考にさせてもらう」と表明することで相手の意見を受け止めたことになっており配慮を示したり、相手との信頼関係を築いたりするための行動として評価できます。ただ、参考にさせてもらうというだけではなく、この情報を具体的にどうしていくのかも行動としてとられていたらなおよかったでしょう。

選択肢Cは、「何もしない」という判断はすばらしいのですが、真似ることの障害になる「自分の部署は正常だ」という先入観を持った選択肢となっています。

選択肢Bは、お礼をするだけではなく、SNS活用法についての詳細情報を収集するという行動もとれています。なおかつ、他部署の成功事例を自部署でも実施するために部下に情報を共有するという「真似る」行動がとれていますので最適解としました。

さて、部下を成長させる、チームの力を向上させる方法として、「真似る」ことが効果絶大だとお伝えしてきました。ぜひ、よいなと思うものがあれば、臆することなく真似てみてください。それが、自然と動き出す部下の育成につながっていくのです。

案件 19

差出人	商品企画部　国内商品企画課　西川　純一
件　名	ご相談
宛　先	商品企画部　国内商品企画課　杉本課長
CC	
送信日時	20XX 年　11 月　18 日　18：49

課長

ご体調はいかがですか。

明日ご出勤をされるとお聞きしましたので、ご相談があり連絡をしました。

転送したメールの件なのですが、確認したところ、ツアー中止のご連絡ができていないことがわかりました。

本当に申し訳ございません。今までこのような連絡漏れをしたことがなかったので本当に落ち込んでしまっています。

森江さんにすぐに連絡をしようと思っていましたが、いつも森江さんは私に対してきつく当たってくることが多いので、何を言われるのかと思うと正直怖く、躊躇してしまっています。

ただお詫びのご連絡はしないといけませんが、どうしたらよいのか相談をさせてほしいと思います。


****************************（転　　送）**********************************

西川さん

ご多用中のところ恐れ入ります。
VLT トラベルサポート派遣添乗員の森江でございます。

11 月 20 日福岡発の 1 泊 2 日別府温泉バスツアーにつきまして、本日、旅程の最終確認のため、宿泊先である泉グランドホテル様にご連絡をいたしましたところ、予約が入っていないという返答でしたが、これはどういうことでしょうか。
早急にご連絡をお願いします。

案件19　選択肢

A　森江にツアー中止の連絡をする。あわせて上司の責任として謝罪を行い、後日西川と一緒にお伺いする約束をする。西川に配慮の言葉を返して安心させ、原因究明と再発防止策を検討させる。

B　西川が何とかするべきだ。何もしない。

C　西川へすぐに森江へ連絡を入れるように指示をする。また、担当者の責任として、なぜ連絡ミスが起きたのか原因を究明させ再発防止を検討させる。

解答記入欄

案件19解説

第十九節　部下を守る傘になる

「お前は部下を守る傘になれ」

これは、私の講師の師匠であり、人生の先輩である方から、管理職になったばかりの頃に送られたメッセージです。雨のように降ってくる様々な困難から部下を傘のように守ることが管理職の仕事であるという意味を持った言葉です。ずっと私が大事にしてきた言葉で、いまだに上司として「傘」になろうと心がけています。

部下が自然と動き出すまでに成長するには、前提として「この人のために何とかがんばりたい」と思ってもらえるようになることが不可欠です。ここまでの信頼関係をつくりあげるには、あなたが部下の「傘」にならなければなりません。「傘」になるとは、部署外の抗議や非難から、不安から、リスクから、あらゆるものから部下を守ることです。

では、どのように部下を守ればよいのでしょうか？

いくつかの方法がありますので紹介します。

・矢面に立つ

社内外からクレームがきたら、部下を守るために、リーダーであるあなたが矢面に立つことが求められます。矢面に立つとは、そのクレームを受け止めるということです。たとえクレームが部下のミスによるものであっても、リーダーである自分の責任であることを表明したり、謝罪をしたり、クレーム対応の窓口になったりすることが矢面に立つということです。また、問題解決に向けて自分が最前線に立ち、対策を示したり、判断をしたりすることも矢面に立つ行動として挙げられます。（ただし、対策を実行に移したり、情報を収集したりする解決行動は部下がとるべきなので注意しておきましょう）

矢面に立つことで、部下を安心させることができますし、「この人についていこう」という思いの醸成にもつながります。逆に、部下に責任をおしつけたり、すべてを部下に丸投げたりして何も動こうとしなければ、あなたの指示で部下が動きたくなるような関係性は築けないでしょう。このように、部下指導において、何か問題が起きたときには、あなたが矢面に立つことが必要なのです。

・部下を守るために戦う

他部署や上司、お客様に対して部下を守るために戦わなければならないときがあります。それは、部下全員が非常に忙しくしているときに、他部署がすべき仕事を上層部から指示されたり、あるいは業務とは関係ない依頼を押し付けられたり、上層部からの理不尽な指示や無理難題な指示があなたの部下に対して出されたときです。また、部下に対して誹謗中傷などの個人攻撃なども戦うべきときでしょう。

私も他部署に対して激昂したり、上司に反発したり、お客様に対して抗議をしたりすることがあります。それは、どれも私の部下に対していわれのない攻撃をされたときです。これは、リーダーの役割として部下を傘のように守る必要があるとわかっているからです。

・安心させる言葉を伝える

不安から部下を守ることの一つに、安心させる言葉をかけるということが挙げられます。

不安を抱えたまま仕事をしてもパフォーマンスは上がりませんし、何より新しい仕事やレベルの高い仕事にチャレンジしなくなります。だから、部下を安心させる必要があるのです。

「大丈夫!」

この短い言葉は、私にとって魔法の言葉だと思っています。私自身も上司や先輩からこの言葉をかけられて何度も不安が和らいだ経験があります。この短い言葉には、「私がついているから大丈夫」であったり、「あなたなら必ずできる」であったりなど、ポジティブな意味が多く含まれています。だから、不安がなくなり、安心できるようになります。

補足ですが、言葉だけではなく、行動や姿勢も気をつける必要があります。何か起きたときにあなたがおろおろしていたのでは、いくら「大丈夫です。私がついているから……」といってもまったく説得力がありません。わざと落ち着いたふりをしたり、別の話題をしてみたり、何事もなかったかのようにふるまうことも部下を安心させるためには大事なことです。

・働きやすい環境をつくる

部下が安心して、気持ちよく、かつ効率的に仕事ができるような働きやすい環境をつくることもリーダーに求められていることです。

私の経験です。

当社では、急激に人材が増えて、夏場、エアコンの効きが悪くなったということがありました。暑さで部下の業務効率が悪くなったことは明らかですし、何より健康にも影響がでるのではないかと思ったほどです。業者さんを呼びメンテナンスをしてもらいましたが、最上階に位置して太陽熱が直接あたること、また人員やＰＣなどを動かす熱量などで、大掛かりな工事をしないと改善は難しいとのことでした。ですから、他の役職者と話し合って、サーキュレーターなどで空気を循環させることはもちろんのこと、会議スペースや休憩スペースなどをオフィスとして開放して、従業員を分散させました。すると、一気に暑さは緩和されたのです。

このように**非効率や健康被害などのリスクから部下を守るために、働きやすい環境をつくることもあなたに求められていることです。**

今お話した事例のように、安全や健康維持、あるいは労働災害を防ぐ対策をすることは大事なことです。あるいは、**言いたいことが自由に話せるオープンな組織風土をつくったり、部下が孤立をしないように役割をつけて居場所をつくったり、休暇がとりやすいような雰囲気を醸成したりすることも働きやすい環境づくりとして必要なことでしょう。**

すでにお話したことの中にも部下を守る行動があります。ふりかえりをする意味で確認しておきましょう。

・フォローする

一人の部下に業務負荷がかかりすぎないように、フォローすることも部下を守ることの一つです。フォローの仕方としては、応援体制を構築したり、フォーメーションを変えたりして負荷を軽減するなどが挙げられます。

・叱る

叱ることは、部下を守ることにつながります。叱ることで、重大な問題の再発防止、あるいは、未然に防ぐことができますので、部下を守ることができるのです。

・部分的に任せる

失敗させることは、部下を成長させるために欠かすことはできませんが、あまりに大きな失敗は、退職につながったり、仕事への自信を喪失させたりなど、取り返しがつかないことになってしまいます。大きな失敗から部下を守るためにも、すべての仕事を任せるのではなく、部分的に任せることが有効です。一部分での失敗ならば、傷口は浅く、埋め合わせをすることができるからです。

これまで、部下の守り方について考えてきました。これらを踏まえて、今回の案件を振り返ってみましょう。

選択肢Bは、何も行動をとることができていません。

選択肢Cは、すぐに森江に連絡をするように指示をしたうえで、ミスを起こしてしまった責任として、西川に原因究明と再発防止策の検討を指示することができていました。

選択肢Aは、選択肢Cの行動に加えて、部下を守る行動として、リーダーである自分が責任をとる姿勢と、西川を安心させるために配慮の言葉が入っていましたので最適解としました。

あなたの役割は部下を傘のように守ること。これを意識して部下指導にあたってみてください。部下との信頼関係が強固になり、今以上にあなたについていきたいと思うようになってくれるはずです。

案件 20

差出人	商品企画部　国内商品企画課　大塚　和雄
件　名	（大塚）ご報告です。
宛　先	商品企画部　国内商品企画課　杉本課長
CC	
送信日時	20XX 年　11 月　15 日　17：52

新規サプライヤーの山手バスと仕入交渉を行い、他社よりも安値の見積もりを出してもらえたので本契約を行いました。
このバス会社を今後の企画造成に使っていけば、低価格プランとして売上を突き上げることができ、目標達成のめどがつくはずです。

あとは他の方面担当ががんばってくれれば課全体の目標達成につながっていくと思うのですが、はたして大丈夫なのでしょうか？

そもそも彼らは自分たちの趣味に走る企画ばかり出して、売上のことをあまり考えていないように思います。
しかも、会議にあがってくる企画もありきたりなものばかりで話になりません。

杉本さんからもっと指導したほうがよいと思うのですが、いかがでしょうか。

案件20　選択肢

A

新規サプライヤーと契約を行ったことについてほめる。一方で、価格では勝負をしないという会社方針と合致していない行動をとっていることに対して叱る。

B

指摘をしてくれたことについて感謝する。大塚に、他の方面担当のお手本になるような企画を造成するように指示をする。

C

大塚を労い、指摘をしてくれたことについてお礼を言う。各方面担当の模範になるように、自分自身が率先して企画作成を行う。

解答記入欄

案件20 解説

第二十節　率先垂範の絶大な効果

部下が勝手に動いてくれることがチームの理想形ですが、ここに至るまでに、ときにはあなたが率先垂範を実践する必要があります。

率先垂範とは、部下の先頭に立って物事を行い、お手本を示すことです。

特に、新任の管理職の方は、この率先垂範が大事です。

部下との信頼関係ができあがっていなかったり、なんら実績がともなっていなかったりする状況では、言葉だけで何かを指示しただけでは部下はついてこないからです。

この率先垂範は、部下に仕事を教えるための有効な手段でもありますが、それ以上に大きな効果がふたつあると私は考えています。

まずは、**リーダーが率先垂範を行えば、部下の枠組みを破ることにつながるということ**

です。枠組みとは、決めつけや思い込みのことです。

ここで、私の経験をお話したいと思います。

私がマネジメントをしている部署では、インバスケット教材を開発しています。この教材ですが、完成するまでに基本的には3か月程度かかってしまいます。開発に非常に時間がかかるということが課題でした。しかし、当社のお客様からは、多くのニーズをいただいており、もっと早く教材開発を進める必要がありました。

そこで、私は部署の会議で、もっと開発のスピードを上げることができないか？具体的には1か月半で教材を完成させることができないか？と議論しました。

部下の反応は一様に難しいだろうと、少し諦めに似た雰囲気になったことは今でも覚えています。

このときに、私がとった行動が率先垂範でした。

つまり、私自身が1か月半で教材を開発することにチャレンジしてみたのです。

チャレンジをしてみると、約10日程度で問題が完成し、実際に各業界のリーダーに回答してもらったり、校正を行ったりするなどの後工程を経て、約1か月半で仕上げることができました。

すると、全員とは言いませんが、数名の部下は1か月半～2か月程度で問題を完成させることができたのです。


ここで、私がお伝えしたいことは、やって見せることで部下を育成したということではなくて、部下の考えの枠組みを破ったことです。

ここでいう枠組みとは、「インバスケット教材は完成までに3か月かかる」という考えのことです。私が実際に1か月半で完成させることを部下に見せたことで、部下の枠組みを破ることに成功したのです。


率先垂範を示すことで得られる効果として、もう一つあげておきたいことが、あなたが作りたい組織風土や環境を醸成することができるということです。

たとえば、時間内に成果を出そうとする組織風土を醸成したいなら、まずはあなた自身が残業をせずに定時で仕事を終える必要がありますし、きれいな職場づくりをしていきたいなら、あなた自身がゴミを拾ったり、あまり人がやりたがらないようなトイレ掃除などを行ったりしていく必要があります。

部下は自分たちの上に立つあなたのことをいつも見ています。

ですから、あなたが、率先して行動をしていくことで、「○○さんがやっているのだから、自分もしたほうがよいよなぁ」と部下に思わせるようにしていくのです。それが、部下の行動につながり、部署全体の風土や環境をつくっていくことにつながっていきます。

以前、営業の部署を統括するリーダーが自分の部下に対してこのような愚痴を言っていました。

「もっと営業に必要なスキルや知識を勉強してほしいのだけれど、なかなかやってくれない。会社に研修制度などは整っているのに……」

このようなぼやきです。

話を聞いてみると、リーダー自身が、社内の研修にも積極的に参加していないとのこと。これでは、部下が勉強をしないのは当たり前です。このリーダーがそもそも勉強をしている姿勢を見せていないのですから。

部下はリーダーであるあなたを見ています。あなた自身が率先垂範をしないと、「自分の上司もやっていないのだから、自分たちもやらなくてよいや」と思われかねません。**あなたがしてほしいと思うことを、指示を出さずに、部下にしてもらうには率先垂範を実践することが大事なのです。**

では、今回の案件で考えてみましょう。

選択肢Aは、ほめることで大塚がやったことを認め、かつ問題行動に対して指導を行うことができています。今後大塚にどのようにしてほしいのかを明確に示せていたらなおすばらしい選択肢になっていたでしょう。

選択肢Bは、お礼を伝えることで大塚に配慮を示しています。また、大塚に仕事を任せることができている点も評価されますが、主体的な行動もとっておきたいところです。

選択肢Cは、大塚に対して労いや感謝の言葉を伝えるとともに、大塚だけではなく部下全員にどのような企画を作っていけばよいのか率先垂範を示そうとしているので、最適解としました。

率先垂範は、あなたが部下にやってほしい行動を引き出すために絶大な効果を発揮します。あなたの思い描くチームづくりや効果的に部下指導を行うために、ぜひ率先垂範を実践してみてください。

第四章

理想の上司に近づくには

第一節　部下の「こうなってほしい」を描く

これまで、部下が自然と動き出したくなる方法、言い換えるなら、理想の上司像である「暇そうにしている上司」になるための方法をお伝えしてきました。そこで、これらの方法をより効果的に使うために、あなたが上司として心掛けてほしいことをお話していきたいと思います。

まずは、**部下の「こうなってほしい」を描き、それを部下本人に伝えるようにしましょう。**「半年後にはこの業務はできるようになっていてほしい」、「1年後にはこのプロジェクトを任せられるくらいに成長していてほしい」、「チームリーダーになることを目指してほしい」など、数か月後や数年後の将来の部下の姿を伝えるのです。

少し先の部下の姿を描くことで、部下指導が非常にやりやすくなります。「こうなってほしい」姿に近づけるために、今どのような仕事を任せればよいのか、どのように仕事を教えていけばよいのかが明確になってくるからです。

これは部下の立場でも同じです。**自分の目指すべき目標が明確になるので、「今はこの業務を覚えたらよいのだな」とか、「これくらいの目標は達成しておいたほうがよいだろうな」など部下自身が今何をすべきなのか自分で考えやすくなり、自発的に動きやすくなってくるのです。**あとは、フォローをするだけでよいので、「暇そうにしている上司」に近づくというわけです。逆に、部下の「こうなってほしい」を伝えていなければ、なぜ今この仕事を任せられているのか、部下自身がやっている仕事の意味を理解させることも難しくなってしまいます。

そもそも、ゴールがわからないままだったら部下もあなたもどのように動いていけばよいのかわからないはずです。部下の「こうなってほしい」を設定しないことは、あたかも目隠しをしてどこに向かっているのかもわからないまま飛行機を操縦していることと同じです。

ところで、部下の「こうなってほしい」姿はどのようなものでもよいのかと疑問に思う方も多いと思います。

部下に対しての願望や希望が入っていてもまったく問題ないのですが、あまりに現実離れしたものやハードルが高すぎるのは望ましくありません。たとえば、水泳をやりはじめの人に対して、将来はオリンピックに出て当たり前だと言っても、なかなか実現は難しいでしょう。あくまで、**今の部下の力量や成長スピードなどを見て、少し努力をすれば到達するだろうなという姿を設定することがポイントなのです。**

「暇そうにしている上司」に近づく第一歩として、ぜひ、あなたも部下の「こうなってほしい」を描いてみてください。

第二節　部下に関心を持つ

本書全体を通じて、自然と部下が動き出すためには、部下との信頼関係が大前提であるとお話してきました。

表面的に取り繕って、コミュニケーションや部下指導などの技術を使うだけでは、部下と心から信頼しあえる関係性はできっこありません。

部下に関心を持つことがマネジメントの第一歩

ビジネス書を読んでみると、このように考える方が非常に多いと思います。私もこの考えに大賛成です。**部下に関心を持つことが信頼関係構築の基本だからです。**友人をつくるシーンでも、そもそも自分に関心のない人、興味のない人とは仲よくなれないのではないでしょうか。

そこで、部下への関心の持ち方について考えてみましょう。

一般的なものは、業務上での関心の持ち方です。部下がどのように仕事を進めているのか、課題はないのか、進捗は順調か、何か悩んでいることはないか、表情など変わったしぐさがないかを知っておくことです。そうすれば、助言をしたり、業務量を調整したり、応援人員をつけてあげたりと適切なフォローを行うことができます。部下の立場からすれば、「しっかり上司が見てくれている」と安心して業務に取り組むことができるのです。

私は、業務上での関心にプラスして、部下のプライベートにも関心を持つようにしています。たとえば、結婚して家族を持っている部下に対しては、「最近、あっていないけど奥さんは元気?」とか、「お子さんの○○ちゃんはもう4歳だったよね? 今何が好きなの?」とか、登山を趣味にしている部下に対しては、「最近はどこの山に登ったの?」などの質問を皮切りに会話を続けていきます。

部下のプライベートに関心を持つだけではなく、私自身のプライベートについてもどしどし開示していきます。家族や趣味などの話を通じて、お互いの価値観を共有することができて、コミュニケーションが活発になっていきます。つまり、**上司と部下という関係ではなく、人と人との信頼関係ができあがってくるのです。**

部下に関心を持つことが本当の信頼関係をつくっていくうえで欠かすことができません。

この関係性ができているかによって、部下が自然と動いてくれるかどうかは変わってくるのです。ぜひ、今以上に部下に関心を持つようにしてみてください。

第三節　ぶれない軸を持つ

「暇そうにしている上司」になるためには、部下との信頼関係がキーになってくるとお話していますが、この点についてもう少し考えていきましょう。

部下との信頼関係を考えるうえで、はずすことができないのは判断をぶれさせないということです。一度決めた判断がぶれてしまうと、部下が「この人のために動こう」と思うような信頼関係が築けないどころか、あなたについてきてもらえなくなるというリスクもあります。

判断がぶれるとは、たとえば、売上重視の施策を進めようと部下に方針を出していたのに、1か月もたたないうちに、売上よりも経費を抑える方針でいこうとコロコロと方向性や一度決めたことが変わることを言います。

私も判断がぶれたことで部下に愛想をつかされた苦い経験を持っています。

部署の方針として商品品質を優先事項としていましたが、あるとき、部下からもう少し効率化を図ってもらいたいとの強い要求で品質から効率優先に方針を変えたことがありました。ところが、方針の転換を知った上司からもとの方針に戻すようにお叱りを受けたのです。私はすぐに効率優先という方針を撤回し、品質優先の方針に戻しました。

方針を変えた翌日です。部下数名の私への素振りが明らかによそよそしい。ある部下に話しかけても、棘のある言葉で返答がかえってきたり、率直に「もうついていけません」と伝えてきた部下もいたりしました。

本当にショックだったことを今でもはっきり覚えています。ただ、ここで学んだことは、部下との信頼関係がくずれてしまうという判断がぶれることの恐ろしさ、そして、判断がなぜぶれたのかということです。

判断がぶれる原因は二つあります。

判断軸がないか、判断軸がたくさんありすぎることです。判断軸とは、自分にとって判断をするときの大事な要素のことです。私の判断がぶれた理由は、後者のほうです。自分の立てた方針も大事、品質も大事、部下も大事、上司も大事、あれもこれも大事と思ってしまっていたことがぶれた理由です。

だから、自分の大事をしぼっておく、つまり、**自分にとってゆずれない軸を決めておく必要があるのです。軸はせめて3つくらいまでに絞っておいたほうがよさそうです。**それ以上はあれもこれも大事という発想になるからです。

では、どのように軸を決めたらよいのでしょうか?

まずは、次のように自分の大事にしたいことをとにかく書き出します。そのうえでこれだけはゆずれないという3つを○で囲んでみましょう。そうすると、自分にとっての軸が何かが整理しやすくなるのです。

・会社の方針　・目標達成　・部下からの信頼　・上司からの信頼

・顧客満足度　・コスト　・ミッション　・期限を守ること

さて、ここでワークをしてみましょう。

自分の大事にしたいことを箇条書きで書き出し、その中で軸となる3つを○で囲んでみましょう。

上司として判断はぶれないこと。これは部下との信頼関係を保つためには欠かせないことです。ぜひぶれない軸を持つようにしていきましょう。

第四節　「できる上司」でなくてもよい

リーダーになると、「できる上司」であろうとするがあまり、誰にも頼らず自分一人でバリバリと仕事を進めていこうとしたり、部下に知識や技術で負けないようにたくさん勉強をしたりしてがんばろうとする方が多いようです。

こういう状況が続くと、まわりに弱音を話せなくてストレスを抱えたり、自分一人であれもこれも抱え込んでしまい、なかなか仕事が進まなくなってしまいます。

確かに、いろいろな知識を持っていて、なんでもこなし、かつカリスマ性も備えたリーダーは存在しています。しかし、それは一握りです。

みんながみんな、そのような完全無欠の「できる上司」である必要はありません。

私自身も「できる上司」には程遠いと思います(笑)。エクセルの表計算も部下に手伝ってもらわないと満足にできませんし、ウェブやシステムも部下にかみ砕いてもらわないとわかりません。財務や法務についての判断も専門家に意見を聞かないと自分一人で判断をするのは怖いです。

このように、私は部下やまわりの人に助けられて業務を行っています。でも、これでよいと思っています。

なぜならば、上司は役割に過ぎないからです。会社には、営業、商品企画、製造、総務、人事などさまざまな役割があります。上司もその中の一つでしかなく、あれもこれもできなくてもよいのです。「餅は餅屋に聞け」という言葉がありますが、専門的な業務はその役割を担っている人に頼ればよいのです。

では、上司が果たすべき役割とは何でしょうか？

それは**部下が活躍できるように舞台を整えるという役割です。**上司とは、成長を促したり、判断をしたりする役割なのです。だから、あなたがわからない、できない業務は、部下に補ってもらったらよいのではないでしょうか？

それよりも、上司としての役割に専念したほうが、部下にとっても有益ですし、おのずと、「暇そうな上司」に近づくはずです。

上司としての役割に専念するならば、「できる上司」よりも、むしろ「不完全な上司」のほうがよいといっても過言ではありません。

上司になって「自分は部下よりも優秀でなくてはならない」とプレッシャーに思っている方、「部下よりも自分は劣っている」と悩んでいる方は少しゆるく考えてみてはどうでしょうか？部下が活躍できるようにすることが上司の役割であるならば、むしろ部下が自分より優秀なのは非常に喜ばしいことです。

上司は不完全でよいのです。「できる上司」を目指さないほうが、自分の役割を果たすことができ、部下が自然と動いてくれるようになるのです。

おわりに

最後までお読みいただきありがとうございます。

ここで、私の人生について少しお話をさせていただきたいと思います。

私の人生を改めて振り返ってみると、うまくいかないことばかり、失敗ばかりの人生でした。高校も中退していますし、大学入学資格検定をとって受験をした大学も失敗をして、再チャレンジで何とか入学しました。

大学入学後も学業に熱中し、研究者を目指しますが、現実に直面してその夢をあきらめ、就職をしてからも、失敗も多くしましたし、上司に怒られたことは数えきれないほどありました。もちろん、このような私ですから、インバスケット研究所に入社してからも、失敗をすることは非常に多いです。

でも、失敗ばかり、挫折ばかりをしてきた私でも、今は、部下のマネジメントを行い、何とか一つのチームとしてまとめることができていると思っています。しかも、ありがたいことに研修に登壇をするお話も多数いただき、非常にご好評もいただいています。

「きっと何か成功要因があるはずだ！」と自分自身を振り返ると、ある一つの結論にいきつきました。

それは、失敗ばかりしてきたからこそ、「成長しよう」「同じような失敗は繰り返さないようにしよう」という思いが、おそらく人一倍強かったということです。

本や研修で学んだことはすぐに実践してきましたし、ときにはプライドをかなぐり捨て自分のライバルに教えを乞うたり、ときには部下から教えてもらったりすることも非常に多いです。

その結果、仕事や生活で使える選択肢を増やして、バージョンアップを繰り返すことができたと思っています。それが、きっと、今の私のリーダーとして、研修講師としての立場につながっているのでしょう。

この「選択肢を増やすこと」が非常に大事です。

本書はあなたの部下指導についての選択肢を増やしていただきたいと願って執筆しました。たとえ部下についての問題に直面したとしても、選択肢を多く持っておけば、解決につながりやすく、驚くほどに悩みも解消していくはずです。

あなたにとって本書が実際の職場で役立つことを祈って筆をおきたいと思います。

最後になりますが、本書を執筆するにあたって、絶えず叱咤激励、フォローをいただいておりましためでぃあ森の森恵子さん、本書を執筆する機会を整えてくださった株式会社インバスケット研究所鳥原隆志代表、そして、私が執筆中に応援をしてくれた開発グループのメンバーの皆様に深くお礼を申し上げます。

２０２０年6月　丸山広大

著者紹介

丸山 広大（まるやま こうだい）

インバスケット講師。百貨店、化粧品メーカー、情報通信会社、鉄道会社などの大手企業を中心に研修講師を務め、年間1000名以上の受講生のマネジメント強化を支援している。受講生満足度は96％で、企業からの研修リピートの依頼は後を絶たない。またインバスケット研究所の中核事業であるコンテンツ開発、研究分析の最終責任者として日夜多くのインバスケットを世に送り出している。

部下が自然と動き出す20の方法

―インバスケットで学ぶ部下指導―

2020年８月26日　第１刷発行
2020年９月23日　第２刷発行

著　者　　丸山広大
発行元　　森恵子
装　丁　　沖恵子
発行所　　株式会社めでぃあ森
（本　社）東京都千代田区九段南１－５－６
（編集室）東京都東久留米市中央町３－22－55
TEL 03-6869-3426　FAX 042-479-4975
印　刷　　ウイル・コーポレーション

ISBN978-4-910233-01-7　C0036